SDGsの先へ

ステークホルダー資本主義

足達英一郎
Adachi Eiichiro

インターナショナル新書　087

はじめに

2019年8月、米経済団体ビジネス・ラウンドテーブルが「米経済界は株主だけでなく従業員や地域社会など全ての利害関係者（ステークホルダー）に経済的利益をもたらす責任がある」とする声明を発表。1997年から「企業の主たる目的は、その所有者に対して経済的なリターンを創出することである」としてきたスタンスからの大きな転換を表明したと伝えられた。「企業の目的」を塗り替える、この声明を歓迎する声も少なからずあった。

さらに2020年1月、50回を迎えた世界経済フォーラム年次総会（ダボス会議）が、この年に掲げたテーマは「ステークホルダーがつくる、持続可能で結束した世界」であった。世界経済フォーラムの創設者クラウス・シュワブ会長は、会議に先立って「ステークホルダー資本主義の概念に具体的な意味を持たせたい。パリ協定と持続可能な開発目標（SDGs）に向けた進捗状況を監視している各国政府と国際機関に貢献したい」と語っていた。フォーラム自身の事業を方向付ける文書となってきた1973年の「ダボス・マニフェスト」

を、「ダボス・マニフェスト２０２０」として改定し、「企業は顧客、従業員、地域社会そして株主などあらゆる利害関係者の役に立つ存在であるべきだ」とする理念を一層、強調するに至った。

ただ、株主を至上の存在とする見方から、従業員や地域社会などのステークホルダーへの配慮を重視する見方（ここでは「ステークホルダー資本主義１・０」とする）に変わるだけでは、世界は決して持続可能にはならない。株主至上主義を是正するステークホルダー資本主義が、さらに「地球環境」と「未来世代」を明確に視野に入れることで新たな資本主義の姿が見えてくるのではないか、私たちには活路が開けるのではないか、というのが本書の問題提起である。この考えを筆者は「ステークホルダー資本主義２・０」と呼ぶ。「経済は全てを癒やす」「経済成長は常に目指すべきこと」論を相対化することこそが、閉塞感突破の鍵になるという主張ともいえる。

日本が何としてでも、経済成長を取り戻すとして走ってきた30年間。しかし、事は上手くいかず、社会の劣化だけが進行した。その閉塞感を突破するために、「地球環境を保全すること」と「未来世代が希望を持てること」に目標を置き換えてみることを提案している。「経済成長」については、後から追い着いてくることを内心は期待したい。しかし、それは、あくまで結果であって、最上位の目的ではない。

気がついてみれば「今日とおなじ明日は望めない」不安定な世界に移行していることがはっきりしてきた。「今度こそ、世界を転換する」「全く姿を変えるほどの変容が最も必要とされる」と思い定めよう、今日の延長線上ではダメだと合意しようということである。

年嵩《としかさ》の行った者は、世代間の利害調整にあえて踏み出そう。なるべく多くの人が自らの生産手段を持つことができるよう東京一極集中の国土形成を反転させよう。産業の栄枯盛衰に抗《あらが》わず「地球」と「未来」にとって必要な仕事をしよう、ということを呼びかけたつもりだ。

筆者よりも数倍も感性の優れた若者たちからは、「あなたたちは、私たち若者のところに希望を求めてやってくる。（そんなことが）よくもできるものだ」と匕首《あいくち》を突き付けられることは間違いない。経済成長を掲げ続ける立場の人たちからは、「ご自分一人なら良い。しかし、多くの人を赤貧に陥れ、結果的に苦しみと不幸をもたらすような言説を流布《るふ》することは許さない」と叱責されることも免れない。徹底したリアリズムに立脚した識者からは、「グローバル企業は、この30年、企業の社会的責任を口にしながら、経済的な富を巡る格差の拡大や、人命や財産を脅かすところまで深刻化した気候変動に結局、何ら歯止めをかけることができなかったではないか」という批判を受けることも確実だろう。これらは覚悟のうえである。

筆者の提案は、何人もの先達の考え方に触発され、背中を押され、なかば復唱にちかいかたちでつくられた。ドイツの児童文学作家ミヒャエル・エンデ氏には、次のような言葉がある。「よく第三次世界大戦はあるだろうかとか、あるとしたらいつだろうか、ということが話題になりますが、私の主張では、第三次世界大戦はもう始まっています。ただ人が気づいていないだけです。それはある地域が別の地域にしかける戦争ではなくて、時間的な戦争、ある時代が別の時代にしかける戦争です。つまり現在の私たちが始めてしまったのは、私たちの子どもや孫たちを破滅させる戦争だと言いたい。今の経済界の頂点にいる人たちは、このシステムはもう変えられないと言っていますけれども、実は私たち自身、彼らの子孫が生きられない世界を造りだしていることに気づいていないのです。そうなってしまったら、今の財産家たちが一生懸命、わが子・わが孫のために蓄えている財産もお金も、そのときはもう役に立たないということなんですが。ですから今こそ人類は差し迫っている危険に本当に気づかなければなりません。危険は今は目に見えません。けれども、しっかり目を開けて先を見越して見たなら必ず待ち受けている危険なんです」[*1]。この発言が1989年になされている事実に、改めて衝撃を受ける。

本書は、「真に構築すべきステークホルダー資本主義とは、どのようなものか」を模索してきた筆者のこの2年程の軌跡を振り返ったものである。本書の編集を担当していただいた本川浩史氏から「ステークホルダー資本主義について書いてみませんか」と最初のお誘いを受け取った時点からあとも、筆者自身の見方はかなり揺れた。それでも、以下の拙稿が、もし読者の皆さんの、何らかの「考えるヒント」となるのであれば、これに勝る喜びはない。

＊1　ミヒャエル・エンデ、井上ひさし、安野光雅、河合隼雄『三つの鏡―ミヒャエル・エンデとの対話』朝日新聞社、1989年11月

目次

第1章　「ステークホルダー資本主義」への脚光

会社は誰のものかという古くて新しい命題

会社とは一体、誰のものなのか、誰のために存在するのか。1930年代前半に、企業における所有と支配の分離という現象に対し、「取締役は誰の受託者か」という問いをめぐる論争が始まった。そこでは、会社の権力は株主の信託によるものであるとする見解と、会社の権力は社会全体の信託によるものであるとする見解のふたつが現れたとされる。これが、現在の「株主資本主義」と「ステークホルダー資本主義」という企業に対するふたつの見方の相違についての出発点である。

「株主資本主義」では、経営者は株主のために利益を最大化することだけに専念していればよいとする主張が専らだ。最も代表的なものとしては、米国の経済学者でノーベル経済学賞も受賞したミルトン・フリードマン氏（当時シカゴ大学教授）が1970年に米国『ニューヨーク・タイムズ』日曜版マガジンへの寄稿で書いた「企業の社会的責任は利益を拡大すること」というものがある。[*2]「株主資本主義」は「企業リーダーは原則、株主のために利益を最大化すること以外に何ら責任は持っていない。配当を受け取った株主こそが、適切だと考えるやり方で配当を使えばよく、政府や地域社会は企業が利益に基づき支払った税金を適切だと考える目的のために使えばよい」と考える。

これに対して、「ステークホルダー資本主義」は多様ないくつかのアプローチを包含する。代表的なものは、一見すると利益の最大化に反するようなステークホルダー配慮の結果生まれる支出も、最終的にはビジネスが上手くいくために役に立つとする考え方である。

２００３年11月にロサンゼルスで開催された、企業社会責任に関する推進企業団体であるBusiness for Social Responsibility の年次総会に出席した筆者にとって忘れられない一コマがある。基調講演者として壇上に立ったのは、当時のヒューレット・パッカード（ＨＰ）のＣＥＯカーリー・フィオリーナ氏だった。[*3]

彼女は、「企業が自らの事業活動を行う社会に対して、何ら責任を有しないという考え方、言い換えれば、企業は社会と別個に事業を行っているという考え方、あるいは企業の行動が自分たちを取り巻く世の中に何ら影響を及ぼさないという考え方は、どう見ても近

＊2　Milton Friedman, "A Friedman doctrine--The Social Responsibility Of Business Is to Increase Its Profits", New York Times, September 13, 1970。原文は "The Social Responsibility of Business is to Increase its Profits."

＊3　https://www.hp.com/hpinfo/execteam/speeches/fiorina/bsr2003.html

視眼に過ぎる。それは長期的に見れば、決して持続可能的であるとはいえない」[*4]、「私は個人的には、フリードマン氏が示した見方が変わり始めている、そうした時代に私たちが立っていることを嬉しく思う。何百という企業人や経営トップが忙しいスケジュールを割いてここに集まり、企業の社会的責任に関して議論をしようという、この機会に立ち会っていることを嬉しく思う」[*5]と切り出し、「ｉコミュニティ」という同社の戦略的プロジェクトを紹介した。これは、インドの貧困地域に、同社のソーラー電池式のデジタルカメラとプリンターを提供し、雇用の創造と生活水準の改善を実現させたというもので、将来的な当該製品の市場性（経済的な成功）を十分に見込めるということを力説した。

ステークホルダーへの配慮が、結局はビジネスを強くする。急がば回れだという論理は、一定の説得力を持つ。企業の現場感覚からしても、従業員への福利厚生や研修の充実、顧客へのアフターサービスの強化、工場立地地域での清掃活動やイベント協賛の実施など、企業への支持を高めておくことが、職場のモラール（士気、風紀）やブランド価値向上を通じて、企業業績にもポジティブな影響を与えるだろうという論理だ。株主利益の最大化だけを目指して行動すると、逆に長時間労働やハラスメントが蔓延する職場をつくり、顧客との長期的な関係づくりがないがしろになって、立地地域からも迷惑行為が目立つと批判されて、支持を失いかねないと説明される。

しかし、冷静に考えてみると、フィオリーナ氏が論じるステークホルダーへの配慮は、その到達所要時間に長短があるだけで「株主利益の最大化」という範疇を逸脱していないともとれる。

さらに、企業は株主の利益を第1の目標として組織、運営されているというものの、現実には、「株主が有する会社経営に対する究極的コントロール権は、取締役を選任・解任する権利を通じて行使される」「取締役は株主のために企業を管理・運営する義務を負う」

＊4 原文は"The idea that companies have no responsibility to the communities in which they operate; that in other words, we operate in a vacuum, or the idea that our actions have no consequences on the world around us is short-sighted at best, and it is certainly not sustainable for very long."

＊5 原文は"I for one am glad that we live in an age where those attitudes have begun to change; in an age when hundreds of employees and top executives will take time out of their busy schedules to meet here, for example, to discuss the idea of corporate social responsibility."

というふたつの規範から成り立っているというべきである。ここで重要なのは、株主利益の最大化をどのようにして実現させるかについては取締役に広範な裁量が容認されているといえる点であろう。取締役はある意思決定が企業の利益を増進させると誠実に判断できるのであれば、従業員に対する待遇改善など株主以外の利益となる行動もとれる。株主至上主義であっても、取締役がステークホルダーの利益を考慮することに、全く矛盾はない。

つまり、「ステークホルダーへの配慮」を口にしたとたんに、「株主資本主義」は「ステークホルダー資本主義」という全く別のもの、対立概念として捉えられるものに自動的に置き換わるわけではないということだ。

世の中の行き詰まり感と息苦しさを多くの人が共有する現在、そして持続可能な社会と地球を見通せるようにしたいとの欲求が充満しつつある現在において、「ステークホルダーへの配慮」が有効な処方箋の必要十分条件には必ずしもならないのではないか。これが本書のスタートにおける問題意識である。

ステークホルダーとはいったい誰なのか

２０１９年８月の米経済団体ビジネス・ラウンドテーブルの新声明は大きな注目を集め

た。ビジネス・ラウンドテーブルの従来のスタンスは、1997年に発行された「コーポレートガバナンスに関する声明」(Statement on Corporate Governance) に象徴されるものだった。そこには「経営者及び取締役会にとって最も主要な責務は、株主に対するものであり、他のステークホルダーの利益は株主に対する責任に派生する限りにおいて重要だ」と記述してあった。

2020年1月のダボス会議では、トランプ米国大統領（当時）の「米国は誰も予測だにしなかった好況のただ中にあり、世界中に米国より良き場所などない」「必要なのは悲観論でなく、楽観論」「いつの世にもいる破局を口にする予言者は無視すべきだ」という実績誇示のスピーチが際立って報道されたが、50回を迎えた同会議が、この年に掲げたテーマは「ステークホルダーがつくる、持続可能で結束した世界」であった。

ステークホルダーとはいったい誰のことを指すのか。その定義は、必ずしも統一されているわけではない。一般に普及している定義は「ステークホルダーは、組織体の目的の遂行に影響するか影響を受けるグループまたは個人である」というものだ。[*6] 2010年に国際標準化機構が発行した「組織の社会的責任に関する国際規格」(ISO26000) でも、ステークホルダーを「組織の何らかの決定又は活動に利害関係をもつ個人又はグループ」

と、ほぼ同様の定義を与えている。

この言葉は文字通り、ステーク（stake：〔地面に打ち込む〕杭、支柱）とホルダー（holder：所有者）というふたつの部分で構成されている。成りたちは、米国の開拓時代に遡るという。当時の移民たちは、開拓地の周囲に杭を打つことで、そこが自分たちの所有する土地であることを示していた。複数の杭で領地などを囲って、他者の敷地と境界線を引く場合にもこの「stake」という語が動詞として使われる。辞書では、ステークホルダー（stakeholder）は「賭け金を管理する人」や「利害関係者」などと訳されている。しかし、ある土地があって、杭の所有者が地面に杭を打ち込んで、「ここは自分の土地だ」と権利を主張することを指すとすれば、ステークホルダーという言葉は「権利や意志を表明する人」というニュアンスに近いことになろう。そこから、「ステークホルダーは、組織体の目的の遂行に影響するか影響を受けるグループまたは個人である」とマイルドなものにニュアンスが変わっていったといえる。

このように考えると、株主も企業にとって常にステークホルダーの一員なのであって、経済の主要な担い手として株式会社という形態を許容する限り、ステークホルダー資本主義が株主を否定できないのは自明である。

企業にとって株主の次に代表的なステークホルダーとして俎上に上るのは消費者であろう。１７９０年代、カリブ海の奴隷労働者を使って生産した砂糖に関する英国消費者からのボイコットを受け、東インド会社は従来の手法を変えざるを得なかった。ベンガルの〝奴隷を使っていない〟生産者から砂糖を購入するために調達先を変更したという事例も、企業の目的の遂行に影響を与えたグループまたは個人の初期の姿としてよく引用される。

同時に、従業員が企業にとっての代表的なステークホルダーであることも言を俟《ま》たない。１８００年代に、英国のロンドン鉛鉱山は、自社の労働者のための町、家族のための学校と図書館を建設して事業を成功させた。英国のキャドベリーとラウントリー、アイルランドのギネス、米国のハーシーといった企業でも、19世紀に従業員を特に重視する傾向が見られた。

20世紀に入ると、企業組織が巨大化してくるにつれ、ステークホルダーを一人ひとり特定し、その全員に対応することが不可能となった。企業は実際のステークホルダーの代理

＊6　Freeman, R. Edward, "Strategic Management : A Stakeholder Approach", HarperCollins, 1984, p.46.

となる非政府組織との利害調整を図るようになる。労働組合がステークホルダーとして大きな影響力を発揮するようになるのは、この頃からである。

ステークホルダーの範囲は広がり続ける

サプライチェーン上の様々な取引先も重要なステークホルダーである。一般的な製造業をイメージすれば、川上に向かっては、原材料などの調達先があり、協力工場や下請け先といったサプライヤーもある。川下には問屋やディーラー、一般小売店があり、「企業の目的の遂行に影響するか影響を受けるグループ」という意味では立派なステークホルダーといえるだろう。さらには、こうした取引先で働く従業員やその家族も「影響を受ける個人」だという意味では、ステークホルダーに位置付けることも可能だ。同様に、例えばある企業の工場の立地する地域コミュニティというのもステークホルダーに違いない。

また、この150年ほどのあいだに、企業のステークホルダーとして存在感を高めているのが、政府である。企業は政府から様々な規制を受けながら、税金を支払い、ときには補助金を受け取っている。

さらに、時代が大量消費社会に突入すると、メディアも重要な企業のステークホルダーとなる。メディアは宣伝広告の媒体であると同時に、ときに企業行動に監視の目を向け、企業のレピュテーション（評判）を左右する存在にもなった。

宗教団体や政治団体が企業のステークホルダーになることも十分にある。ジョン・ウェスレー（1703〜91年）は英国国教会の司祭を務めながら、国教会内の啓蒙活動としてメソジスト・ソサエティーを形成していった。彼の残した説教（Sermon 50: The Use of Money）には、お金は人を害することなく、稼いだり使ったりすべきだというくだりがある。まず、生活や健康を害して稼ぐこと、長時間あるいは過重な労働はすべきではないと言及され、そして、ギャンブルや悪質な融資によって隣人の「資産」を害すること、酒の蒸留で稼ぐことによって隣人の「体」を害すること、直接・間接にかかわらず不摂生をさせるようなビジネスによって隣人の「魂」を害すること、これらのようなことをしてはならないと説かれている。

こうした伝統を背景に、20世紀になると英国では、酒・タバコ・ギャンブルに関連した事業活動を行う企業の株式を「Sinful Stock（罪深い株式）」と呼んで、資金を運用する際に投資先から排除する「エシカル（道徳）ファンド」が生まれることになった。宗教団体が企業のステークホルダーに位置付けられる一例である。

現代のステークホルダーとしてのNGO

市民社会の成熟とともに、企業に対する様々なアドボカシー（代弁）行動を先導する狭義の非政府組織（Non-Governmental Organization：NGO）あるいは市民団体（Civil Society Organization：CSO）も企業のステークホルダーに列せられる状況が顕著になるのは、20世紀後半を迎えてからのことだろう。とりわけ欧米では、公民権運動、反アパルトヘイト運動、環境保護運動などを通じて、強力な市民団体が形づくられ、その運動の矛先は政府のみならず保守的な企業や強欲で傍若無人な企業にも向けられていった。

比較的若い世代の人たちには知られることが少なくなった過去の出来事を、ここでは、あえて、ふたつ書き留めておこう。[*7] ひとつめは、欧州系石油メジャーの「ブレント・スパー（Brent Spar）」と名付けられていた海上構造物の海洋投棄問題である。この構造物は、1976年から91年まで北海油田で巨大な浮標（ブイ）として使用されていた。ここで採掘された原油は、英国のシェットランド島までパイプラインで運ばれ、ここからタンカーで石油精製基地に輸送されていた。91年から93年にかけて、ブレント・スパーの処分方法に関する研究が所有者である石油メジャーと独立の外部機関等によって行われ、「深海投棄は陸上処理に比べてリスク、費用の面で少なくて済む」との結論を得た。これを受けて、石油メジャーは94年12月に英国貿易産業省（DTI）へ深海投棄計画を提出したのだった。翌95年2月に英国政府は、計画を承認する決定を下し、欧州連合（EU）及び他のEU加盟国にその旨を通報した。

4月30日に有力な環境NGOであるグリーンピースの活動家が「ブレント・スパーは石油や有害物質が残留したままの状態で投棄される」として深海投棄に反対し、これを実力で占拠する出来事が起こった。5月23日に占拠は解除されたが、グリーンピースは欧州全土にこの石油メジャーの製品ボイコットを呼びかけた。その結果、ドイツでは深海投棄反対派が同石油メジャーのサービスステーションを襲撃したり、火焔ビンを投げたりする事態となった。さらに、同じ時期にカナダのハリファックスで行われていたサミットの場で、ドイツのコール首相（当時）が英国のメージャー首相（同）に深海投棄を再考するよう申し入れを行う政治的問題にまで発展した。

＊7 『通商白書　平成13年版総論』110～111頁の記述をもとに筆者修正。
https://dl.ndl.go.jp/view/download/digidepo_3487778_po_10_3-3.pdf?contentNo=10&alternativeNo=

結局、6月20日に石油メジャーは深海投棄計画中止を表明したが、その理由として、欧州の政治情勢が変化したこと、過激な反対活動によるリスクが増大したこと、より詳細な議論を行う必要性を感じたことの3点を挙げている。その後、ブレント・スパーの処分方法に関するセミナーでの検討を経て、98年1月に同社はフェリー用の埠頭（基底部分）としてブレント・スパーを再利用することを決定した。

99年7月にノルウェーでの工事が完了し、9月にはロンドンで利害関係者等に対するセミナーが開かれ、詳細が報告された。この事件では、政府から承認を受けた計画に従って海上施設を処分しようとした企業が、NGOから不買運動の対象とされ、一般の消費者のみならず、他のEU加盟国からも投棄計画の再考を求められた結果、一度決定した計画を白紙に戻すことを余儀なくされた。企業のステークホルダーとして、狭義のNGOあるいは市民団体が無視できない存在となっていることを、この出来事は広く世間に知らしめることとなった。

ふたつめは、日本企業が非難の矢面に立たされた事例だ。メキシコ・バハカリフォルニア半島にサンイグナシオ潟という場所がある。そこはカリフォルニア・グレー鯨が出産及び子育てをする場所のひとつとして知られていた。メキシコ政府と日本の旧財閥系総合商社の合弁企業である塩輸出公社（ＥＳＳＡ）は、76年からゲレロネグロで塩田事業を営んでいたが、91年に設備拡張と新規塩田開発を計画していることが報じられた。95年にメキシコの環境保護団体「グループ・オブ・１００」がＥＳＳＡの開発計画に抗議。その後、米国の環境ＮＧＯ「自然資源防衛委員会（ＮＲＤＣ）」と「国際動物福祉基金（ＩＦＡＷ）」が「高濃度の塩水が生態系に悪影響を与える」と主張し、99年9月末からこの旧財閥系グループの多くの企業に対する不買運動を開始したのだった。

これらの団体は、新聞やテレビでキャンペーン広告を流したり、インターネット上にサンイグナシオ潟の生態系の保護を訴える内容のホームページを立ち上げるなどの抗議活動を展開した。サンイグナシオ潟は93年に国連教育科学文化機関（ＵＮＥＳＣＯ）から世界遺産に指定されていたが、塩田開発が予定されていた場所は緩衝ゾーン（産業活動が一切禁止されている生物保護区域・中核ゾーンの周辺）にあり、中核ゾーンの生態系に影響を与えないことが事業活動を行う条件とされていたのである。

こうしたことから、ＥＳＳＡは97年9月に地元のバハカリフォルニア南州立大学や米国のスクリップス海洋研究所等に環境影響評価（ＥＩＡ）を依頼していた。99年12月にＵＮＥＳＣＯ世界遺産委員会は「科学的データによれば、鯨の生育状況は危機的なものではなく、その数は増えている」とする一方で、世界遺産地域の景観が大きく変わることへの懸念を表明した。

２０００年3月にメキシコのセディージョ大統領（当時）は計画中止を発表し、その理由として世界遺産地域の生態系と景観の保全を挙げた。ＮＧＯ側はこの開発中止決定を「世界でも有数の大企業に対する市民の勝利」と位置づけ歓迎したのだった。

真に構築すべきステークホルダー資本主義とは

こうして見ると、全ての企業にとって重視もしくは配慮すべきステークホルダーを一律に定めることはできないことは明らかである。株式会社にとっては、株主というステークホルダーは無視できない存在になるのだろうけれども、それ以外に、どのステークホルダーを重視するのかというのは、個々の企業が置かれている状況や、ステークホルダー側の存在感の大きさによって変わってくる。

さらに、各国には歴史的に異なった資本主義の形態が成立しており、その脈絡によってもどのステークホルダーを重視するのかは変わってくるし、その時々の経済、社会、政治の状況によって、どのステークホルダーを重視するのかは変わってくるといえる。

即ち「ステークホルダー資本主義」という概念には「企業は株主だけのものではない」ということを主張することにのみ、まずは一義的な存在意義が見いだせるというのが、最も堅実な解釈だといえよう。

他方で、俄かに脚光を浴びる「ステークホルダー資本主義」ではあっても、「ステークホルダーとは、いったい誰なのか」という点については、さまざまな意見が混在しており、その議論は進化の途上にあるというべきではないか。また、「企業の最終目的は、利益の最大化である」という点についても、最終判断を保留しているのではないか。先に紹介した、世界経済フォーラムのシュワブ会長が「ステークホルダー資本主義の概念に具体的な意味を持たせたい」と発言していることの真意もこのあたりにあるのではないかと想像できる。

興味深いのは、2019年8月のビジネス・ラウンドテーブルの「米経済界は株主だけでなく従業員や地域社会など全ての利害関係者に経済的利益をもたらす責任がある」とする新声明に対する冷ややかな声も少なからずあったことだ。そのひとつは、「アマゾン・ドット・コム、アメリカン航空、JPモルガン・チェースの最高経営責任者など181の米企業のトップが署名したとはいうものの、あくまでCEOの判断でそれを行ったのであり、取締役会が承認したケースは少数だ」というものだった。

ビジネス・ラウンドテーブルの会長を務めるJPモルガン・チェースのジェイミー・ダイモン会長兼CEOは、株主至上主義からの修正声明にあたって「米国では貧富の差が拡大しており、全ての利害関係者を重視することがより健全な経済につながる」との見方を示したが、実のところ、心底、全ての利害関係者を重視すると考えを改めたというよりも、そうした姿勢をアピールすることが、経営への外部からの介入を回避するのに効果的だと考えたに過ぎないとの指摘も聞かれた。

近年、米国の企業には、アクティビストによる短期的な株価のつり上げを目的とした経営への介入が活発になってきている。他方で民主党左派は、大企業に対する連邦免許制度、取締役が全てのステークホルダーに対する責任を負うことの明確化、取締役の一定比率を従業員から選出することの義務化、政治献金に関する規制強化、社会的損失に対する罰則の明確化などを政策として打ち出している。こうした状況下で「株主による経営への介入は、長期的な利益を追求するという前提で行われるべきだ」との主張と、「政府による経営の介入は、経営者自身が自己改革を進めているので必要ない」との主張を、同時に果たそうと画策したのが、「株主至上主義」を今回、修正声明するに至った真相だという見方も現れた。経営者が単に自らの立場を防衛するために「ステークホルダー資本主義」という看板だけを売り歩いているとの批判だった。

同じように、ビジネス・ラウンドテーブルの修正声明を初めて目にしたとき、筆者には高揚感もあったが、若干の失望感もあった。それは、声明文に「顧客への価値創造、公正な賃金や従業員への投資、公正で倫理的なサプライヤーとの取り引き、地域社会への支援」という4つのコミットメントが、株主以外に向けて挙げられていたが、「地球環境」や「未来世代」をステークホルダーに据える姿勢は全くなかったからである。

ダボス・マニフェスト2020では、その冒頭に「エコロジー：気候変動のリスクに対処し、生物多様性を守る対策を林床や海底まで行き渡るように実施するため、いかにして企業を動かすか」という言及はあるものの、「未来世代」については「企業は未来世代のために地球の管財人のように振る舞う」という一文が載ったのみだった。何かモヤモヤした感覚が、頭のなかから離れずにいた。そうこうしているうちに、世界は新型コロナウイルス感染症による、これまでとは非連続な日常に突入していくことになった。

第2章　コロナ禍で感じたこと・考えたこと

コロナ禍で何を感じたか

「ステークホルダー資本主義」といっても、「経済活動」による果実を最大化しようとする志向には変わりがなく、単にパイの分け前に与《あずか》る人の顔ぶれを増やすことだけを意味するのではないか？ 多様な受益者への配慮を加味することで、最終的に株主利益を擁護することが狙いではないか？ そんな単純な疑問に苛まれているとき、世の中を襲ったのが、今回の新型コロナウイルス感染症の世界的な大流行だった。

「株主資本主義」にせよ「ステークホルダー資本主義」にせよ、その双方が金科玉条としているのは「経済活動」に違いない。しからば「経済」とは一体、何だろうか？ この問いを改めて深く考えさせられることになったのが、今回のコロナ禍だった。

2020年2月3日、筆者は欧州委員会の開催する会議に出席するため、空路ブリュッセルに飛んだ。既に、1月6日には厚生労働省から「中華人民共和国湖北省武漢市における原因不明肺炎の発生について」が発表され、1月16日には「新型コロナウイルスに関連した肺炎の患者の発生について（1例目）」が公表されていた。日本で初の確認例も武漢市に滞在歴のある患者であったし、「現時点では本疾患は、家族間などの限定的なヒトからヒトへの感染の可能性が否定できない事例が報告されているものの、持続的なヒトからヒトへの感染の明らかな証拠はありません」と説明されていたことから、世界的なパンデミックが到来するとは夢にも思わなかった。

その海外渡航の直前、首都ローマで二人の感染が確認された1月31日、イタリア政府が非常事態を宣言したと伝えられた。新型コロナウイルスの感染拡大を阻止する取り組みを迅速に進めるためだった。前日の30日には、イタリアの航空当局が、中国本土・香港・マカオ・台湾からのフライトの乗り入れを全面禁止した。それを聞いて、「随分、踏み込んだな」と意外な驚きを感じたことをよく覚えている。あまり知られていないが、イタリアと中国は観光のほかにもアパレル産業のサプライチェーンなどに関連して深い繋がりを持っている。続いてベトナム民間航空局（CAAV）も、2月1日午後1時（現地時間）より中国・香港・マカオ・台湾とのあいだのフライトの発着を禁止したのだった。

その後、米国、オーストラリア、シンガポール、フィリピンなどが中国全土からの外国人入国拒否という対応をとったのに、日本は湖北省、浙江省に滞在歴のある外国人などを原則入国拒否という緩慢な方針を継続。WHO（世界保健機関）が新型コロナウイルスがパンデミック（世界的大流行）に相当すると宣言したのは3月11日だったが、日本政府が中国全土からの外国人入国拒否に踏み切ったのは4月3日からだった。

「インバウンド観光という経済収入の大きな柱を失うことはしたくない。同時に留学や実習の名目で海外からやって来てくれる働き手を途絶えさせるわけにはいかない」。こうした判断が働いたのか否か、我々には知る由もない。しかし、そうした想像を巡らすことは容易にできるだろう。

緊急事態宣言下でも経済優先

既に2月28日には文部科学事務次官名で「3月2日（月）から春季休業の開始日までの間、学校保健安全法（昭和33年法律第56号）第20条（同法第32条において専修学校に準用する場合を含む）に基づく臨時休業を行うようお願いします」との通知が出て、小学校、中学校、高等学校及び特別支援学校等は休業となっていた。子どもたちの健康を守る必要があると判断する一方で、感染拡大の続く外国からの人の流入は続いていた。ちぐはぐな感じは否めなかった。

２６９万８８２４人、この数字は出入国管理統計による２０２０年1月の入国外国人の総数である。この多くが、海外から日本を訪れる観光客だったことは間違いないだろう。その後、総数は、１１５万５９６０人（2月）、21万７６７９人（3月）、５３１２人（4月）、

4488人（5月）、8028人（6月）、1万300人（7月）、1万5882人（8月）、1万8861人（9月）、3万5578人（10月）、6万6603人（11月）、6万9742人（12月）、5万5718人（21年1月）、1万3832人（2月）、1万9398人（3月）、1万7558人（4月）、1万7376人（5月）、1万7285人（6月）と推移していくことになる。

これを国内の感染拡大の時期[*8]と重ねてみると第1波においては、入国外国人は5000人規模だが、第2波、第3波、第4波においては必ずしも抑制されていた状況とは言い切れないことがわかる。

「国際的な人の往来再開に向けた段階的措置等による入国者数（速報値）」の公表結果も興味深い。2020年11月1日から21年1月21日までの2カ月余りで、緩和政策に基づいておよそ12万9000人の外国人が入国しており、在留資格としては、技能実習が大半を

＊8　大阪府では2020年1月29日から6月13日を「第1波」、6月14日から10月9日を「第2波」、10月10日から2月28日を「第3波」、3月1日から6月20日を「第4波」、6月21日以降を「第5波」という区分を採用している。

占めている。この数年の日本経済が、外国人労働力の存在と大いに結びついていたことに改めて気づかされる数字であり、コロナ禍においても経済を回すために、技能実習生受け入れをストップさせるわけにはいかなかった実態が浮かび上がってくる。

2020年4月7日、新型コロナウイルス感染症に関する緊急事態が発生した旨の宣言が発出された。「国民の生命及び健康に著しく重大な被害を与えるおそれがあり、かつ、全国的かつ急速なまん延により国民生活及び国民経済に甚大な影響を及ぼすおそれがある事態が発生したと認められる」というのがその理由だった。しかし、5月4日の新型コロナウイルス感染症対策専門家会議による「新型コロナウイルス感染症対策の状況分析・提言」に、「感染拡大の予防と社会経済活動の両立」という言葉が登場し、5月20日には、観光庁長官が「コロナ終息後に反転攻勢に出るための大規模な観光需要喚起策『Go To トラベル』事業の開始が2カ月前後先となる計画だ」と発表する。緊急事態宣言下でも、「経済活動をこれ以上停滞させるわけにもいかない」という声が大きくなっていった。

2020年5月26日以降、最初の緊急事態宣言が解除となって、ようやく本格的に学校も再開された。その言葉の使われ方は「感染防止策の徹底と社会経済活動の両立」に変わっていく。感染拡大予防あるいは感染防止策を強化すれば「経済」には悪影響を与え、

「経済」を従来の平常時に戻そうとすれば、感染拡大予防あるいは感染防止策の効果は削がれる。この両者の関係を、否が応でも見せつけられた。絶対矛盾の状況に直面したとき、政治は「両立」という言葉を使わざるを得ないことがよくある。しかし、筆者は一個人として、「生命・健康か、経済か」という現実に、「両立」という言葉で思考停止に陥りたくはないと強く感じたのだった。

「経済の安倍」の退陣

コロナ禍のもとでの「生命・健康か、経済か」という選択を、より深く考える契機となったのは、「経済の安倍」の退陣だった。２０２０年9月16日、第２次安倍政権が幕を下ろした。12年12月26日から連続在任日数は２８２２日で、歴代最長記録を更新し、歴史に名を残した。安倍元総理は、８月28日の退陣表明の記者会見の席上、記者の「御自身、これは政権のレガシーだと思われるものがありましたら、挙げていただけないでしょうか」という質問に、「レガシーというお尋ねでございますが、正にこれは国民の皆様が御判断いただけるのかなと、また歴史が判断していくのかなと、こう思います」と謙虚に答えている。

もっとも在任中、安倍元総理は、「政策の一丁目一番地を経済の再生と位置づけています」と表明しつづけた。第2次政権誕生のほぼ2週間後の2013年1月11日には、次のように宣言している。

長引くデフレと円高からの脱却が決定的に重要であります。残念ながら民主党政権においては、経済対策は分配ばかりを重視をして、国全体としてどう稼いで、経済全体のパイをどう大きくしていくか、広げていくかということについては、十分ではありませんでした。発想が十分ではなかったと言っていいと思います。安倍政権では、まず政策の基本哲学を変えていきます。「縮小均衡の再分配」から、「成長による富の創出」へと大胆に転換を図っていきます。「委縮し続ける経済」に決別をして、イノベーションや新しい事業が次々と生み出されていくような、そして、それによって雇用と所得が拡大をしていくという「強い経済」を目指してまいります。強い経済を取り戻していくためには、大胆な金融政策、そして機動的な財政政策、そして民間投資を喚起する成長戦略という3本の矢を同時展開していくべきだと考えています。

そして２０２０年5月25日、新型コロナウイルス感染症対策としての緊急事態宣言を全国において解除する際の記者会見でも「コロナの時代の新たな日常、その的に向かって、これまでになく強力な３本の矢を放ち、日本経済を立て直してまいります。経済再生こそがこれからも安倍政権の一丁目一番地であります」と述べている。

第2次安倍政権を「金融緩和、財政出動、成長戦略の３本の矢からなる経済政策『アベノミクス』に力を注いだ」と形容することに異を唱える向きは少ないのではないだろうか。「レガシーは国民の判断、歴史の判断に委ねる」とした発言とは別に、9月16日の臨時閣議で決まった内閣総辞職にあたっての首相談話では「経済最優先で、働きたい人が働くことができる社会をつくる。20年近く続いたデフレに『３本の矢』で挑み、４００万人を超える雇用をつくり出しました」と成果を強調している。「経済の安倍」という表現もメディアでは、何度も使われた。[*9] 今回、調べてみると自身が

＊9　例えば、２０１２年9月16日付の日本経済新聞は「安倍晋三氏『突然退陣』から再起図る自民総裁選」と見出しを打った記事のなかで「今回は加えて『経済の安倍』を前面に押し出す戦略だ」と書いている。

そう自称している場面は、意外なことに見つからなかったが、メディアが政権イメージの確立に貢献した側面も否めないであろう。安倍元総理のスピーチとして筆者が最も印象に残っているのは、2013年9月25日、ニューヨーク証券取引所でのものだ。それは、「今日は皆さんに『日本がもう一度儲かる国になる』（中略）『Japan is back』だということをお話しするためにやってきました」と始まり、「Buy my Abenomics」（アベノミクスは買いだ）と訴えた20分あまりの自信に溢れた内容だった。このスピーチの20日ほど前に、東京オリンピック・パラリンピックの招致が決まっていた。「49年前の東京オリンピックは日本に高度成長時代をもたらしました。日本は再び7年後に向けて、大いなる高揚感の中にあります。（中略）もう結果は明らかです」とスピーチは閉じられたのだった。

確かに、2012年末から8年近く続いた政権下で株価は、政権発足前の2倍以上の水準にまで上昇し、国内外の投資家からは一定の評価を得た。企業統治（ガバナンス）改革、法人税率の引き下げなども好感された。

他方で、「女性活躍推進」、「少子化対策」、「働き方改革」、「ニッポン1億総活躍プラン」とキャッチフレーズに翻弄された感も筆者には否めない。国の人口が減少していくなか、労働力人口減少のスピードをあらゆる手段で抑制することが、財政と年金制度や医療保険を含む社会保障制度の破綻を顕在化させない処方箋だとする論理はシンプルで、一見すると効果的に見えた。そして、緩やかなインフレを引き起こすことで、懸念を一層緩和できるとの説明だった。

ただ、現実は厳しかった。財政収支も、年金財政も、医療保険の赤字も、この8年近くのあいだで好転することはなかった。何より、2012年12月の第2次内閣の発足とともに始まった景気拡大が18年10月で終わり、「戦後2番目の長さの景気拡大」であったとしても、13年から19年までの日本の実質GDP成長率は平均でプラス1・0%にとどまった。これは、経済協力開発機構（OECD）加盟36カ国（19年時点）のなかで、欧州債務危機に見舞われたギリシャ、イタリアに次ぐ低さであることは特筆に値しよう。

総務省統計局の労働力調査によれば、2013年から19年の7年間で新規雇用者数は確かに447万人増えている。しかし、その内訳は、非正規雇用者数が254万人と、新規雇用者の56・8%を占めている。しかも、国税庁の民間給与実態統計調査によると、12年の正規雇用者の年平均収入は467・6万円、非正規雇用者の年平均収入は168・0万円で、その差は299・6万円だった。これが、18年になると正規雇用者の年平均収入は503・5万円、非正規雇用者の年平均収入は179・0万円で差は324・5万円に拡大している。専業主婦や定年退職した高齢者などが新たに働きに出ることで収入が増加した世帯は確実に存在するのだろうが、雇用者一人ひとりで見れば格差は拡大したことも事実である。

コロナの影響を数字で見る

「経済をこれ以上とめると、コロナで死ぬより、倒産したり、失業したりして、仕事がなくなって、お金がなくなって、住む家がなくなったり、食べ物がなくなったりして、犯罪が増えたり、自殺で死んだりする人が増えると思います」という意見がある。確かに、傾聴しておくべき意見だと思う。

ここで数字を見ておこう。国内総生産（GDP）の実質成長率は2020年度全体で年率マイナス4・6％となり、確かに戦後最悪となった。ただ、中身を見ると、初めて緊急事態宣言が出た20年4月〜6月期は大幅なマイナス成長だったが、7月〜9月期と10月〜12月期はプラス成長に転じた。21年1月〜3月期は東京都などへの緊急事態宣言発令で個人消費が陰り、3四半期ぶりのマイナス成長になったが、4月〜6月期速報値では前期比0・3％増、年率換算で1・3％増のプラス成長に戻った。

東京商工リサーチの調べによる全国企業倒産状況（21年1月13日発表）では2020年1月〜12月の負債額1000万円以上の企業倒産件数は、前年比7・2％減の7773件。年間の倒産件数が8000件を下回ったのは30年ぶりで、コロナ関連の資金繰り支援や助成金などの支援策が中小企業を下支えしたと分析されている。21年上半期（1月〜6月）の全国企業倒産状況（負債額1000万円以上）でも、件数が3044件（前年同期比23・9％減）、負債総額が6116億5900万円（同6・9％減）である。

完全失業率（季節調整値）は、2020年2月から一貫して上昇したものの、10月の3・1％がピークで、2021年3月には2・6％まで改善し、6月で2・9％である。リーマンショック前後（06〜12年）の水準に比べればまだ低い。厚生労働省では、都道府県労働局の聞き取り情報や公共職業安定所に寄せられた相談・報告等を基に、新型コロナウイルス感染症の影響による「解雇等見込み労働者数」の動向を集計している。この数字は、都道府県労働局等が把握できた範囲のもので網羅性は必ずしもなく、過去の累積値が新型コロナウイルス感染症の影響を受けた失業者の総数を示すものではない。他方で毎月の数字は、影響を受ける失業者の増減を知るひとつの手掛かりにはなるだろう。数字を見ると、最も数字が大きかったのは、20年5月の1万2949人で、その後、20年9月の1万12

98人と21年3月の9292人という、ふたつのより小さなピークはあるものの、21年7月には3586人という水準に止まっている。

日本銀行が2021年6月に発表した資金循環統計（速報）によれば、21年3月時点の家計の金融資産は過去最高の1946兆円となったという。新型コロナウイルス感染拡大の影響で家計が消費を抑制し、現金を手元に置く傾向もあると分析されている。

警察庁が2021年2月に公表した犯罪統計資料（令和2年1月～12月【確定値】）では、刑法犯総数が前の年と比べて件数で17・9%減ったことが報告された。区分別で最も件数の多い窃盗犯は53万2565件から41万7291件へと実に2割以上減っており、空き巣で29%減、乗り物盗で27・8%減、車上ねらいで25・2%減だ。ステイホームで留守にする人が減ったり、自動車を使う人が減ったりしたことが要因だろう。21年8月に公表された犯罪統計資料（令和3年1月～7月分）でも、21年1月～7月の刑法犯総数が前の年の同じ期間と比べて件数でさらに8・9%減ったことが報告されている。

最後に自殺者に関しては、厚生労働省自殺対策推進室と警察庁生活安全局生活安全企画課がまとめている統計がある。2020年の自殺者数は2万1081人となり、対前年比912人（約4・5%）増となった。男女別に見ると、男性は11年連続の減少であるのに対して、女性は2年ぶりの増加だったことが報告されている。新型コロナウイルス感染拡大の影響は、必ずしも明確ではないが、60歳代が前年比で最も大きく減少し、107人の減少となる一方、20歳代が最も大きく増加し、404人の増加となった。年齢階級別自殺死亡率では、20歳代で3・0ポイント、10歳代で1・1ポイントの上昇が目立つ。ただ、自殺の原因・動機を全体で見ると、経済・生活問題が最も大きく減少し、179人の減少となる一方、健康問題が最も大きく増加し、334人の増加となる傾向が見られた。

このように、マクロ的に見れば、少なくとも倒産、失業、お金、犯罪、自殺という観点から、新型コロナウイルス感染症が著しく厳しい状況を生み出したとは言わなくてよい状態がかろうじて続いている。

コロナで亡くなった人は増えたのか

一方で、NHKの調べによる日本国内の新型コロナウイルス感染症による死亡者数は1万5542人（2021年8月19日23時59分時点）、入院中や療養中などの人の数は8月18日時点で16万8699人に及んでいる。

2020年12月までの人口動態統計月報（厚生労働省）では、20年になっての累計では、

「呼吸器系疾患」（肺炎、インフルエンザ）、「循環器系の疾患」（心疾患）、「不慮の事故」（交通事故）の死亡が減少して、死亡者総数は137万2648人と前年比で8445人減少しているものの、新型コロナウイルス感染症による死亡者数は3466人。これを、21年の1月〜3月期で見ると、死亡者総数は37万7386人と対前年同期間比1万4860人の増加。このうち新型コロナウイルス感染症による死亡者数は5967人で対前年同期間比5901人の増加である。この増加幅は、老衰の4570人増、循環器系の疾患の3682人増を上回り、死因別では最大となった。

経済は持ちこたえているものの、人は確実に亡くなっている。そして、この1年半のあいだに私たちは、経済活動を活性化させようとすれば、感染は拡大し、死亡者数も増加してしまうという経験則を学んだ。

これらの数字は、あくまで結果なのでふたつの解釈が成立する。「経済の滞りがこの程度で済んでいるから、死亡者数もこの程度で済んでいる。経済活動を諦めれば、倒産、失業、犯罪、自殺はもっと増え、死亡者数も増える」という解釈と、「死亡者数がこんなに増えているのに、経済は何とか持ちこたえている。感染者数を減らし、死亡者数を抑え込むためには、経済活動にもう少し制約を加えても構わないのではないか」という解釈である。

前者の解釈に繋がる代表的な意見として、「政府による自粛要請、経済活動への介入の度合いは今でさえ行き過ぎではないか？　コロナを、いささか怖がり過ぎではないのか？」という指摘がある。「コロナの死者数は現状、例年の季節性インフルエンザのそれと規模的にはそれほど大きく変わらない。季節性インフルエンザの死者数は減っており、少なくとも日本では深刻な問題ではない」という論拠のようだ。こうした意見は、政府による人々の行動変容誘導に対する違和感にも連なっていく。「コロナ禍によって、いかに生きるかを支配されるべきではない」「日常を淡々と過ごすだけだ」という意見である。

話を「ステークホルダー資本主義」に戻そう。新型コロナウイルス感染症が最初に拡大した20年の春から夏にかけて、コロナ禍と経済の落ち込みが、「ステークホルダー資本主義」という考え方を、甘っちょろい理想論として吹き飛ばしてしまうことを筆者は危惧した。毎日を生活していくのがやっと、生きていくのに必死という状況では、それどころではないという心理が増していく。リーマンショック時には「企業の社会的責任」をめぐる議論がしぼんでいった状況下が実際にあった。

しかし、今回は少し空気が異なっている。コロナ禍が続いていても、「ステークホルダー資本主義」に対する関心は、吹き飛び、消失してはいないように見える。気候危機に対するアクションや脱経済成長をめぐる議論も、継続して活発である。過去8年近くのあいだ、私たちは単なるキャッチフレーズの連発では真の意味で経済を浮揚させることはできないと学んだからかもしれない。

「死亡者数がこんなに増えているのに、経済は何とか持ちこたえている。感染者数を減らし、死亡者数を抑え込むためには、経済活動にもう少し制約を加えても構わないのではないか」という考えに裏打ちされた意見や政策アイデアも絶えず出ている。「生命・健康か、経済か」という極めて困難な選択に直面して、私たちはようやく「経済」というものを相対化して眺める、そうした機会を獲得したのかもしれない。そんな感覚を持つのである。

第3章　「経済」を相対化して眺める

「経済は全てを癒やす」論の強さを振り返る

筆者は「個人として尊重される」「その意に反する苦役に服させられない」「何人も移動の自由を有する」「財産権は、これを侵してはならない」「健康で文化的な最低限度の生活を営む権利を有する」という価値観に全面的に同意する。

しかし、それらが「経済活動を停滞させてはならない」「経済活動に悪影響が生じることがあってはならない」という主張と常に表裏一体であるとは思わない。「原材料の調達、生産、販売、購買、消費をめぐって収入を得て、支出をするという経済活動が、人々の効用を実現し、幸福追求に貢献する可能性」を否定はしない。しかし、それは「可能性」に過ぎない。そして、ある種の経済活動が、幸福追求に逆行することもありうる。

「経済は金科玉条」「経済は神聖不可侵」という感覚は、いつから一般化したのだろう。実は筆者にとって、この疑問はいまに始まったことではない。地球温暖化、気候変動ということをテーマに調査の仕事をし、企業の方々と意見交換するなかで、何度となく耳にしてきたのも「経済を犠牲にすることはできない」というこの言葉だったからである。

話は30年以上前に遡る。当時の環境庁は炭酸ガスなど地球温暖化ガスの削減の方法として「温暖化ガス排出量取引」の検討に着手しようとしていた。ごく単純化して言えば、温暖化ガス排出量取引とは、温暖化ガス排出の上限値を企業に割り振って、それを超えて排出する企業は上限値を下回る企業から排出枠を融通してもらう代わりに対価を支払うという制度である。これは、1992年にリオ・デ・ジャネイロで開催された環境と開発に関する国連会議(地球サミット)において、「気候変動」が世界的な課題として認知される以前のことであった。

これに対して、わが国の経済界は「エネルギー効率の改善等の具体的な目標と方策を織り込んだ産業毎の自主的行動計画の作成と、その進捗状況の定期的レビューを行う」ことを基本方針に据える。その後も「規制ではなく自主的取り組みの尊重」という姿勢がよりハッキリしていく。「民間自らが定めた具体的な目標に向かって創意工夫を駆使しつつ、最善策の実現を目指す自主的取り組みが有効であり、あくまでそれを基本とすべきである。これに対し、例えば、エネルギーの使用に直接制限を加える規制的措置は効率性を欠き、また、炭素・エネルギー税等の導入は、経済活動にとって大きな負担増となって、わが国産業の国際競争力の低下を招く恐れがあり、効果の点でも問題がある」というのが典型的な主張であり、それは現在までほぼ変わっていない。

同じように「政府による排出枠の割り当ては、市場メカニズムのなかで企業が自らの判断で決定すべきエネルギーの適正な使用量を、政府が事前に定めるという極めて規制色、経済統制色の強い政策であり、市場メカニズムによって進められるべき日本の産業構造の転換、高度化を歪める」「長期的な技術革新に向けた産業界の自助努力を阻害する」「環境コストの上昇により生産拠点は海外への移転を余儀なくされ、国内の雇用情勢はさらに悪化する。追加的な温暖化対策は雇用に悪影響を及ぼす」も繰り返し発信されてきた。

正直に振り返れば、筆者にもこれらの主張に真正面から反論して、その主張を覆す能力はなかった。「経済にブレーキをかけると、全ての人々が不幸になる」という論理に、どこかで違和感を覚えながら、なぜそうした違和感を持つのかを自問自答するしかなかった。

30年以上の時間を要してしまったが、たどり着いた理解は次の3つである。第1は、本来は「経済」と「個人の暮らし・営み」は似て非なるものと心得たほうがよいということである。「経済」を測る物差しは、国内総生産、就業者数、失業率、現預金残高、新規住宅着工戸数など様々ある。もし個人が「自給自足」の能力を有し、実際にもそうした生活を実現しているのなら、「経済」は「個人の暮らし・営み」の結果を事後的に集計したものに過ぎないという話で済む。「経済にブレーキをかける、かけない」という作為性、操作性の入り込む余地はないだろう。

しかし、現実には、今日、ほとんどの人に「自給自足」の能力はない。自らの所有する田畑もなければ、他の生産設備もない、生計を立てる土地や家屋も完全な所有権を有していない人が多い。ほとんどの人が、自分や家族以外に依存して生計を営んでいる。この関係の連鎖が濃密に存在していることが、「経済」によって「個人の暮らし・営み」が左右されるという状況をつくり出している。

第2は「経済」というイメージのなかに、私権、財産、競争、淘汰という概念が強力に埋め込まれていることに注意を払ったほうがよいということである。

より多くの資産、財産を手に入れたいとする私欲が、経済活動の原動力であることを否定する人は少ないだろう。そして、こうした私欲の衝突が摩擦を生じさせることになるが、ここで起こる競争は新たな技術を生み出したり、生産性を向上させたりする源泉として肯定される。競争の勝者は、還元された果実を私益となし、競争の敗者が淘汰されることも当然とされる。

こうした競争の論理は、かつては企業組織間に特有のものだった。それが、国際競争力という言葉が示すように国家間のものになり、一国のなかでも地域間の競争のように広がっていった。そして、本来は、競争とも淘汰とも関連が薄かったはずの「個人の暮らし・

営み」にも、この概念の適用が及んできていることには目を凝らす必要がある。

そして第3は「経済」が継続して成長していかないと特段に困ることになる人々が、いくつかの属性で確実に存在し、一層大きな影響力を持つようになっている状況を直視すべきだということである。いまの「経済」というシステムには「引くに引けないメカニズム」が内包されてしまっている。

「引くに引けないメカニズム」とパーキンソンの法則

ここで、いまの「経済」というシステムには「引くに引けないメカニズム」が内包されてしまっているという点について詳述することをお許しいただきたい。英国の歴史学者・政治学者であるシリル・ノースコート・パーキンソン氏は、自国の官僚制をつぶさに観察した結果、1914年から28年までのあいだにワシントン海軍軍縮条約によって海軍の艦艇数は3分の1以下になったのに、海軍省の官僚は8割近く増大していること、35年から54年にかけて植民地の面積や人口は減少したのに、植民地省の職員数は4倍以上に増加しつづけていたことに注目した。そして、55年11月の『エコノミスト』誌に「パーキンソンの法則」というタイトルのエッセイを寄稿した。その法則とは「本来、なされるべき業務量とその業務に割り当てられる人員規模のあいだには、ほとんど、もしくは全く関係性を必要としない」というもので、「このような結果は、役人はライバルではなく部下が増えることを望む、役人は相互に仕事をつくりあうというふたつの要因によってもたらされる」と指摘したのだった。

いまから60年以上前の言説でありながら、パーキンソンの法則は実に興味深い。「経済活動を停滞させてはならない」「経済活動に悪影響が生じることがあってはならない」「経済は金科玉条」「経済は神聖不可侵」という感覚も、これに通底するものがあり、実は政治家、官僚、企業人がつくり出している神話ではないのかとの思いが度々よぎる。

菅前総理は第２０４回国会で行った所信表明演説で、「日本は、戦後の荒廃から国民の努力と政策でここまで経済発展を遂げてきた。しかし、資源の乏しい日本にとって、これからがまさに正念場となる。国民の食い扶持をつくっていくのがお前の仕事だ」と初当選時に当時の梶山静六内閣官房長官に言われたことを披露している。国の政治家の「国民の食い扶持をつくる」という発想自体に、筆者は最初の違和感を覚える。国の政治家が国民の食い扶持をつくるというとき、最もよく行われるのは選挙区への公共事業の持ち込みだろう。「公共事業の個所付け」は、過去の国会における質問答弁で、政府によって「意味するところが必ずしも明らかではない」と説明されているが、今では大手新聞社の用語解説にも登場する立派な一般名詞になっている。

予算と権限が国の政治家の当選のための条件だとすれば、そのふたつが削がれる事態はなんとしても回避したいというのは必然だろう。人口が減少する国において政府予算も小さくなるのは自然なはずだが、その不都合を回避するために「経済は大きくなっている」という状況が必要になるのだろう。同時に、人口が減少する国において議員定数も少なくなってよい。しかし、国会議員定数削減が進まないのは周知の事実である。

膨張する予算

事情は官僚にとっても同様だといえるのではないか。国家公務員のうち一般職の大半を占める一般職給与法適用職員の数は、2000年度の約50・5万人から20年度には約27・8万人にまで縮小している。したがって、日本の国家公務員数については「パーキンソンの法則」は当たらないということになる。ただ、一般会計の当初予算規模で見ると、84兆9871億円から、102兆6580億円への拡大になる。さらに、歳出総額を対GDP比で見ると、15・8%から、19・1%へと変化している。すなわち、経済成長を上回るスピードで予算規模は膨らんでいることがわかる。

また、この期間の年金、医療、福祉その他に関わる社会保障給付費は78・4兆円から126・8兆円に、公債残高は367兆5547億円から984兆8903億円に膨れ上がっている。筆者は、ここで均衡財政の是非や国債の暴落リスクの可能性を論じたいのではない。こうした予算の膨張を少しでも正当化する根拠に経済成長が人質に取られてしまっている状況がないのかということを指摘したいのである。

「将来、財政収支は改善する余地がある」「将来も年金制度や国民皆保険制度が維持できる」と言うために、経済成長を前提とする必要が出てくるというのが真実ではないだろうか。官僚にとっても、予算獲得が大きな目標となっている実態がある。硬直化した省庁間の予算配分の実態は、なかなか解きほぐせないが、官僚にとっても「経済は大きくなっている」という状況が必要になるのは間違いないであろう。

そして、企業も事情は似たり寄ったりである。命あるものには限りがあることが必定なのにもかかわらず、企業はゴーイングコンサーン、すなわち継続企業が前提となっている。会社が倒産せず将来にわたりずっと企業活動を継続するという前提があるが故に、売上高が減少しない、営業利益が減少しないという経営計画、事業計画が当たり前になる。

興味深いのは、こうした前提は株式会社のほかにも、社会福祉法人、医療法人、公益法人、農協、生協などの会計基準や法の施行規則で根拠規定があるという点だろう。ここから社員数も増えるというのが企業の常態だと見なされるようになる。企業を率いるトップだけでなく、従業員にとっても、増収増益は給料が上がり、企業規模も大きくなりポストも増え、将来に対する安心感も増すから耳障りな話であるはずがない。逆に、売上高が減少する、営業利益が減少するというのは、アブノーマルな事態であって、経営の舵取りに失敗した結果だと判断される。

急速なスピードで人口減少が進むこの国にあっても、売上高が徐々に減少していくことを前提に経営が行われている企業、何年後かには企業を清算することを前提に操業している企業というのは寡聞にして知らない。ここでも経済は大きくなっていかなければならないのである。

私益、自由、競争

私たちは私有財産制のなかで暮らしている。子どもの頃、自分の持ち物には名前を書きましょうと教えられ、他人のものを勝手に使ってはいけませんと躾けられた。学校だけではない。今日では高齢者が暮らす介護施設においても、入居者の持ち物には名前を書くことが原則となっている。

「お金のことだからキッチリしなければ駄目だ」と、大人から、繰り返し言われたことも思い出す。割り勘にするなら1円単位まで正確に割り算する、お金を借りたときにはその全額を漏れなく返済する、会費制で催しをやったら収支を書き物にして報告するなどを社会のルールとして教えてもらった。自分のものと他人のものを区別することが大切で、他人のものを掠《かす》め取ってはならないということだ。

そうした前提の上で、自分のものを増やすことは善きことだという暗黙の了解があることもわかった。これは誰が教えてくれたというのではないが、自分のものが増えれば幸福につながるというのが常識だと知らされた。自分の家、クーラー、自家用車、スマートフォン、銀行に預けてあるお金、こうした私有財産を増強させるために働くのだ、労働するのだと理解した。

そして、いつの間にか私有財産増強が、私益を全面的に正当化する空気をつくり出し、私益を皆が追い求めるがゆえに経済は発展する、私益こそが社会の発展や進化の源泉であるという言説を否応なく受け入れざるを得なくなった。同時に、価値の提供には、必ず対価が支払われるべきだとの主張にも納得を強いられた。インセンティブがなければ、人間は動かないのだからと。

それは、企業にとっても同様である。組織という単位での私益が何よりも優先され、いかに低廉な調達ができるか、いかに節税ができるか、いかに利益を確保できるかに全身全霊を尽くす姿勢が貴ばれるというのが、ほとんどの企業だろう。資金繰りに窮している得意先がいるからと、「今回は代金なしで構わない」と商品を引き渡してしまえば、それは、「他人（会社や個人）のために財産上の事務処理を行う義務のある者が、その任務に背いて本人に損害を与えた」として背任罪に問われる可能性も生まれる。

加えて、私益の獲得は、法律に違反しない限り、自由に行ってよいという原則も、普段、それほど疑問の余地を生まず、常識化している。自由こそが才覚が発揮される環境をつくる、制約は少ないほどよいというわけである。規制改革をめぐる一連の議論を見ていれば、私益の獲得のために自由をもっと拡張することがよいというのが、大勢の意見だと映る。

企業の場合、ときに既得権を守ろうとするがゆえに参入障壁をつくるなどして他者の自由を制限しようとする場合もある。しかし、これも私益の獲得の手段なのであって、大半の企業は自由であることを尊重する。前述の気候変動やその情報開示に関する経済界の姿勢は、典型的なものといえるだろう。「経営の進め方や、その情報発信、コミュニケーション手法については、本来、企業の自主性、主体性が最大限に発揮されるべき分野であり、法制度のもとでの官（行政）の関与ではなく、民間の自主責任によって進められるべきだ」というのが大半の経営者の意見である。

さらに、そこに「競争」の肯定が加わる。放っておけば、人間は怠惰になる、怠けてしまうという本性を持っている。しかし「競争」があるから、人間は重い腰を上げて「行動」を始めるのだという説明には、抗しがたい説得力がある。「競争」があるから、改善が生まれる、工夫が生まれる、進歩が生まれるという説明に抗弁するだけの自信は、筆者にもない。競争に背を向けることが、自らの弱さであるとの強迫観念に襲われつつ、私たちは多くの競争に駆り立てられていく。

企業にとって「競争概念」は個人以上に一層、重要である。価格競争、品質競争、受注競争、コストダウン競争、シェア獲得競争と、企業にとって「競争」の名のつく言葉は尽きない。従業員には出世競争が待ち構えている。経営者は「これはわが社の生存をかけた戦いだ」と、最後は生存競争を口にするのが常だ。個人と同様に、「競争」があるから、改善が生まれる、工夫が生まれる、進歩が生まれるという論理は、企業においては半ば空気のようなものである。そして、気が付いてみると、どちらかといえば「競争好き」と思われる人が、企業では偉くなっていく傾向があるように見えることはないだろうか。

この私益、自由、競争の3要素が、「経済は全てを癒やす」「経済成長は常に目指すべきこと」という言説の周りを固める親衛隊のような役割を果たしている。「経済は全てを癒やす」「経済成長は常に目指すべきこと」という言説に、どこかで違和感を持つのならば、この私益、自由、競争の3要素を各々、つぶさに検証してみることが有効なのではないだろうか。

筆者は、この30年以上のあいだに、「お金儲けは悪いことですか？」と自信たっぷりに語る人物に何人も巡り合ってきた。そのたびに圧倒されるしか、正直、術はなかった。しかし、状況は徐々に変化してきているように思える。その意味は、「細心の注意を払いつつ、謙虚さとスローなテンポでそれを行わない限り、お金儲けは悪いことになりかねない」という変化である。

いつまでブルー・オーシャンを求めるのか

競争が改善や進化を生み出すとしても、その当事者にとって大いなる消耗を生むことも否定できない。そこで、消耗戦に過ぎない競争から可能な限り脱却して、競争相手の未だいない未開拓市場を企業は切り開くべきだという考えが一世を風靡した。2005年のことだ。そこでは、消耗戦に過ぎない競争が繰り広げられる市場がレッド・オーシャンと呼ばれ、それに対比する形で、競争相手の未だいない未開拓市場はブルー・オーシャンと呼ばれた。

この考えを、初めて耳にしたとき、筆者には1860年代に始まったと言われる米国の西部開拓時代のイメージが即座に重なった。そして、ブルー・オーシャン戦略は決して新しいコンセプトではないという感覚がよぎった。西部開拓は、西を目指せば未開拓地域が広がっているとの前提（正確には、先住民としてのネイティブ・アメリカンは存在しており、侵略者に土地を奪われ殺戮された）があった。いちはやく、土地を私有化した者が成功者となった。ゆえに皆が我先に、足枷なしに西を目指した。

しかし、太平洋岸までたどり着きそこが開拓されてしまうと、もう西に未開拓地域がないことが知れ渡ってしまった。米国政府は、1平方マイルあたりの、先住民を除く人口密度が2人以上6人以下の地域をフロンティアと名付けていた。1890年になると、米国の未開拓地域はほぼなくなって、政府は「フロンティアの消滅」を宣言するに至る。そのうえで、興味深いのは、このフロンティアの存在と開拓の歴史が、米国人の国民性を大いに形成したと、後にフレデリック・ジャクソン・ターナーという歴史学者が、著作『アメリカ史におけるフロンティアの意義』のなかで分析していることだ。今日でも、よく耳にする「フロンティア精神」「開拓者精神」がそれである。

考えてみれば、確かに未開拓地域、未開拓市場がまだまだこの先にあるとすれば、経済成長が続くと信じることは容易い。逆に言えば、未開拓地域、未開拓市場がもうほとんど残っていないとなれば、そのあとも経済成長が続く確度は大きく減少するだろう。しかし、「フロンティア精神」ならぬ「経済成長精神」が現代人の性格を支配してしまっているから、現実を直視することが簡単にはできない、発想を変えることもできない。そう言えないだろうか。

自由という要素にしても、それはブルー・オーシャンと密接に結びついている。大きな部屋に、人が一人いる状況をイメージしてみよう。その人は、寝そべっても、大声を出しても、走り回っても、お咎めを受けることもないし、なんら制約を受けることはない。まさに「自由」である。今度は、狭い部屋に、人が密集している状況はどうだろうか。一人が、寝そべったり、大声を出したり、走り回ったりしたら、きっと他の人から「迷惑だ」

「静かにしていろ」と声が上がるに違いない。そこでは、「自由」は一定の制約を受けるのである。

人間が、元来、自由を希求してきたという歴史を筆者は否定しない。例えば、自動車や飛行機の発明も、モビリティという「束縛からの解放」の象徴的な出来事だったと解釈できる。なんら拘束を受けることなく、自由な移動ができることは、人間が人間らしく暮らしていくための重要な構成要素であると確信する。

そして、自由への希求は、新たなフロンティア開拓への動機を形づくる。宇宙空間への人間活動の拡張、海洋での人間活動の拡張、大深度地下での人間活動の拡張は、マクロ・エンジニアリング（macro - engineering）への期待とあわせて、常に人間のパッションを呼び覚ましている。宇宙空間における経済活動を意味する「スペース・エコノミー」の規模は、2018年には世界で4000億ドルを超え、15年以降の3年間で2割以上拡大したとも言われている。[*10] 海洋に関連する経済活動を意味する「ブルー・エコノミー」の規模も、

＊10　2015 : $344.20B、2016 : $357.18B、2017 : $383.52B、2018 : $414.75B (Space Foundation「THE SPACE REPORT」2018, 2019)

ＯＥＣＤの報告書によると２０１０年から２０３０年のあいだに約2倍になると予測されている。*11

それでも、地球全体で見れば、ブルー・オーシャンなど残されていない状況は、ますます現実味を増している。「スペース・エコノミー」や「ブルー・エコノミー」は、一部の人たちのノアの箱舟になるかもしれないが、「誰一人取り残さない」状況を生み出すことはできない。ローマ・クラブが「成長の限界」を提言したのは１９７２年だった。それから半世紀のあいだに、例えば、品種改良、灌漑、肥料、農薬、農業機械などの技術革新を通じた緑の革命がその懸念を払拭したという側面は確かにある。

１９６０年から２０００年までの40年間で、穀類生産高は3倍になったと言われる。しかし、それは、化学肥料や大量の農薬散布、莫大な化石エネルギーと水資源の投下で実現されたのである。

「気候変動」「生物圏の一体性」「土地利用変化」「生物地球化学的循環」について、人間が安全に活動できる境界を越えるレベルに達していると指摘する「プラネタリー・バウンダリー」論や、人類が地球環境に与えている「負荷」の大きさを、あと何個の地球が必要かで測る「エコロジカル・フットプリント」という考え方を詳述する紙面の余地は本書ではないが、未開拓地域、未開拓市場を前提とする思考から脱却する必要性は、ますます高まっている。

＊11　OECD, "The Ocean Economy in 2030", 2016より。試算はOECD STAN, UNIDO INDSTAT, UNSD; Lloyd's Register（2014;2013）; World Bank（2013）; IEA（2014）; FAO（2015）をもとになされたもの。

第4章　新たな視界を獲得する

地球と社会に依存する企業と経済

最近、「健全な地球や健全な社会がなければ、健全な経済活動はできない、健全な企業活動はできない」ということがあちこちで指摘されるようになってきた。世界経済フォーラム（World Economic Forum：ＷＥＦ）は２０１９年1月のダボス会議を前に、Why a healthy planet and a healthy economy go hand-in-hand と題する記事をホームページに掲載した。株式会社ファーストリテイリングの柳井正代表取締役会長兼社長は、19年10月10日の決算説明会で「今、世界には、貧富の格差の拡大、難民問題、人種差別、気候変動など、深刻な問題が山積みしています。アマゾンの大規模な森林火災や、首都圏を中心とした台風被害に代表されるように、かつてない規模の災害が頻発しています。人類の永続的な繁栄に疑問符がつけられるような時代。それに見合った、新しい生活スタイルが求められているというふうに思います。このような時代にあって、今、社会にとって最も重要なことは、いかに将来、長く継続的な社会を実現するのか、つまり、『サステナブルであること』が何よりも重要です。社会が持続的に発展しなければ、企業も成長できません」と語った。

国内では、この数年ＳＤＧｓブームの様相を呈している。国や地方自治体、企業のリーダーが、17色をあしらったリング状のＳＤＧｓバッジを着用している光景をよく目にするようになった。大手新聞社が、東京・神奈川に住む3000人程度を対象に行っているSDGs認知度調査でも、「SDGsという言葉を聞いたことがあるか」という質問に「ある」と答えた人の割合は、12%（1回目2017年7月）、12%（2回目2018年2月）、14%（3回目18年7月）、19%（4回目2019年2月）、27%（5回目19年8月）、33%（6回目2020年2月）、53%（7回目20年12月）と確実に上昇を見せている。しかし、SDGsバッジを着用することやSDGsが認知されるようになってきていることと、目標達成に向けたアクションを起こすことは別だということには留意しなければならない。国連で採択されたSDGsが「我々の世界を変革する（Transforming our world）」と題された文書の一部であるということは、日本では、なかなか知られていない。「直面する課題」というパラグラフには、「我々は、持続可能な開発に対する大きな課題に直面している」と明記している。さらに、そのあとには「我々は、世界を持続的かつ強靱（レジリエント）な道筋に移行させるために緊急に必要な、大胆かつ変革的な手段をとることを決意している」「我々は、社会における生産や消費、サービスのあり方について根本的な変革をすることにコミットする」という文章が登場するのである。Transformingというのは、AからBへかたちが変わることであって、部分的な変化ではない。「これまでのやり方をすっかり変える必要があ

図4-1 SDGsのウェディングケーキ

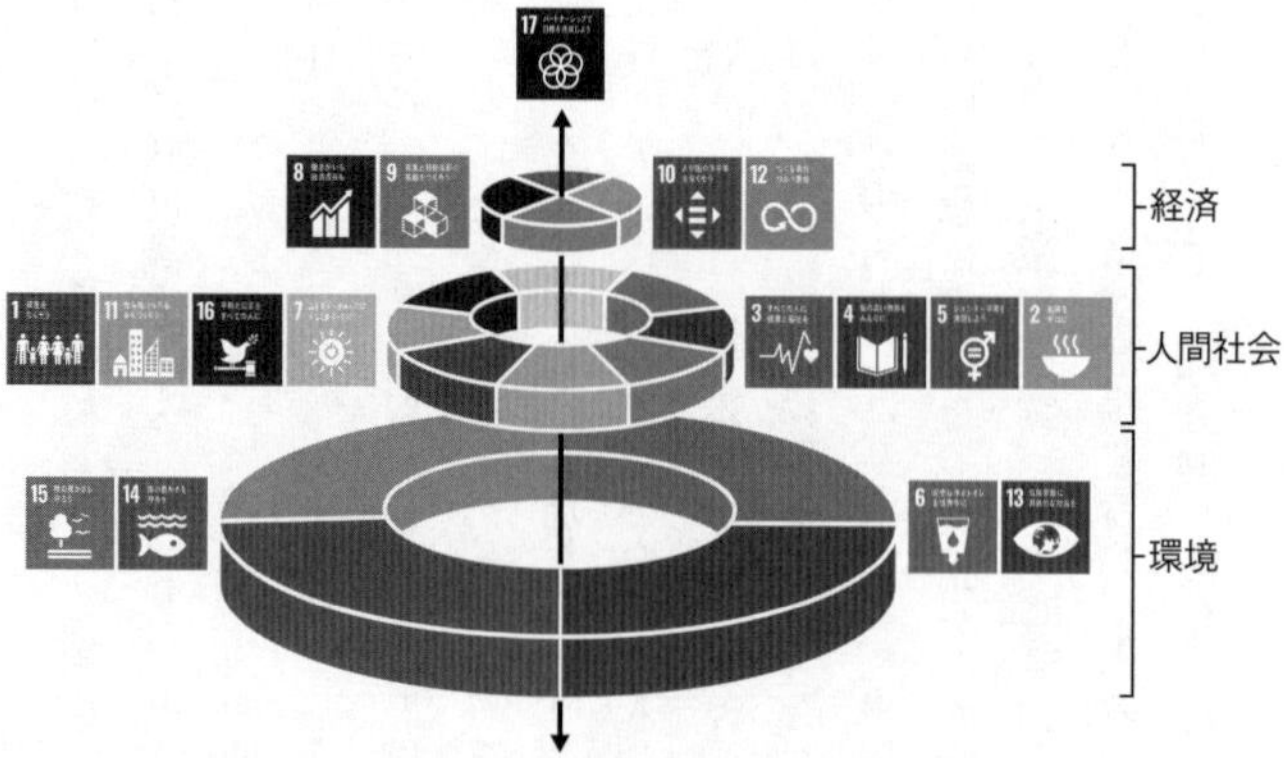

る」ということを謳っている。

ＳＤＧｓに関しては、２０１６年にストックホルム大学 Stockholm Resilience Centre のカール・フォルケ氏らが考案したウェディングケーキ型の図示[*12]がよく知られている（図４-１）。

この図は、「経済的目標達成は基盤となっている社会的目標の達成が揺らいでいては実現せず、その社会的目標達成は基盤となっている生物圏的目標の達成が揺らいでいては実現しない」ことを、明瞭に表している。

平べったい積み木を縦に重ねた形をしており、ハンマーで素早く積み木を叩くことで弾き飛ばして遊ぶ「ダルマ落とし」という玩具がある。上に載せたダルマの顔が描かれた積み木を倒してしまうと失敗である。もちろん、上手く２段目、3段目の積み木を平行に弾き飛ばすことで、ダルマの顔が描かれた積み木を平面に着地させることが叶う場合もあるが、多くの場合には下の段を上手く叩き抜くことができず、ダルマの顔が描かれた積み木は崩れ落ちる。筆者には、「健全な地球や健全な社会がなければ、健全な経済活動はできない、健全な企業活動はできない」という指摘を聞くたびに、子どもの頃に無邪気に遊んだ、この「ダルマ落とし」が思い返されるのである。

もちろん、反対の依存関係もあるだろう。経済的貧困があるから、犯罪やテロなど人間社会の不安定さが増長する、経済的貧困があるから、森林伐採や焼き畑農業で生物圏が破壊されるといった側面である。そうした側面を否定はできないけれども、それだけを根拠に「経済は全てを癒やす」と考えるのは根拠薄弱なのではないだろうか。むしろ、「健全な経済活動と健全な企業活動を継続していくために、健全な地球や健全な社会を維持しなければならない」と考えるべき時代なのではないだろうか。

＊12　（出所）Azote Images for Stockholm Resilience Centre, Stockholm University から英語表記部分は筆者仮訳。

利他主義が最善の合理的利己主義と言われるわけ

「健全な地球や健全な社会がなければ、健全な経済活動はできない、健全な企業活動はできない」「健全な経済活動と健全な企業活動を継続していくために、健全な地球や健全な社会を維持しなければならない」ということを改めて気づかせてくれたのが、今回の新型コロナウイルス感染症の世界的な拡大ではなかっただろうか。

感染が拡大し、医療システムが崩壊するなかでは、従来であれば普通に行われていた経済活動がままならない状況に陥る。経済活動を回復させようとすれば、新規感染者数の増加をなんとしてでも抑制しなければならない。まさに、「健全な社会がなければ、健全な経済活動はできない」状況であり、「健全な経済活動を継続していくために、健全な社会を維持しなければならない」という教えであろう。

あるいは、2020年5月22日の国際生物多様性の日に寄せて、国立研究開発法人国立環境研究所生態リスク評価・対策研究室の五箇公一室長は次のようなメッセージを発信している。[*13]「このウイルスは自然界の中で野生動物の中でひっそりと生きていた。それを人間が自然破壊を繰り返す中で、人間社会にスピル・オーバー（噴出）し、グローバル経済に乗って瞬く間に全世界に拡散してしまった。人類史上、これほどまでに急速に全球レベルでパンデミックを果たした感染症は類を見ない。まさに現代のグローバル社会が生み出したシン・ゴジラ以上のモンスターである」。「健全な地球がなければ、健全な経済活動や健全な企業活動はできない」ことに、このメッセージから改めて気づかされる。

フランスの碩学、ジャック・アタリ氏の著書 "Vivement après-demain!" が邦訳『2030年 ジャック・アタリの未来予測』（林昌宏訳、プレジデント社、2017年）として刊行されたとき、そこに書かれてある「利他主義者になるためのステップ」に大きな衝撃を受けた。①「自分自身と身の回りの人たちは『いつ死んでもおかしくないのだ』と認識する。その上で死ぬまでの限られた時間を有効に活用し、充実した人生を送るべきと、自分に言い聞かせる」、②「他者や世界全体の行く先に関心と共感を持ち、現状と将来の世界を知ろうとすること。そして、自分と世界は相互依存している、自分の幸福は他者の幸福に依存することを自覚する」、③「最終段階として他者にとって意義のある行動を立案し、実行できるようになる。その行動は、必ずしも政治的である必要はない。身近な、小さなことで構わない。それが世界を変えるのにつながっていることを意識できればよい」というもの

＊13 https://www.env.go.jp/press/san-2.pdf

だった。そのアタリ氏は、2020年4月、NHKのEテレで放送された「緊急対談 パンデミックが変える世界~海外の知性が語る展望~」のなかで、「利他主義が最善の合理的利己主義だ」と語っている。

他人に感染させないために、マスクを着用することが、感染拡大を防ぐこととなり、それが結局は、自分が感染しない防御策になる。今回の新型コロナウイルス感染症の流行で世界の多くの人が、このことを学び、アタリ氏の言葉に共感を覚えたことであろう。

再び、五箇先生のメッセージに戻りたい。先生は、「このウイルスの恐ろしさは、エボラのようにかかった本人が死に直面するという恐怖ではなく、膨大な不顕性感染者がいることで、相手に感染させて、相手を殺してしまうかもしれないという不安と恐怖をもたらすこと。その一方で『自分さえよければいい』という原始的かつ利己的な性も呼び起こす。特に都市化が進んだ日本では、自然の脅威からも離れ、自分一人で生きていけるという環境が、人のことより自分のこと、今の自分が大事、という利己性が優先される。このウイルスを制するのは『利他行動』(つまり相手を思いやる心と行動)をちゃんと人間がとれるかどうかにかかっている。それは、人間の『今の自分が一番大事』という性から抜け出せるかどうかにかかっている。このウイルスは実にしたたかで、不顕性感染というかたちで姿を消すことで、人間が活発な経済活動を続ける限り、永遠に人間社会で巡回し続けることができる。人間の欲望という性に巧みに潜んで生き続けるウイルスだと言える」と語る。

考えてみれば、我々は「情けは人のためならず」という昔からの教訓を知っている。この言葉を「情けをかけることは、結局その人のためにならない（ので、すべきではない）」という意味で解する向きが未だに絶えないというが、この言葉の真意は「人に対して情けを掛けておけば、巡り巡って自分によい報いが返ってくる」という意味である。私たちは、ここに希望を見出すべきではないだろうか。「私益、自由、競争」に希望を見出すことから一旦離れて、立ち止まって見るべきではないだろうか。自分自身を含めて、そんな急には「お人好し」にはなれないという感覚もある。しかし、完全無欠の利他ではない、最終的な利己があるのだと言われれば、確かにそれは合理的に聞こえる。そして説得力もある。

さらに勇気を与えられることとして、「私益、自由、競争」の成功者であるはずのグローバル大企業の経営者が、最近になって「ステークホルダー資本主義」を口にし始めていること、「お金儲けは悪いことですか？」を口癖にしているはずの有力投資家が「ユニバーサル・オーナー（後述）」を標榜し始めている事実にも注目してみたい。

ステークホルダー資本主義2・0を定義する

今回の新型コロナウイルス感染症の世界的な拡大を経験して、辿り着いた筆者の確信は「経済は全てを癒やす」ということこれまでの常識を相対化すること、「地球環境」や「未来世代」を重視・配慮する意思決定や資源配分に舵を切ることに、国も、地域も、企業も、金融機関も、株主も、投資家も、さらには市井《しせい》の個々の大人たちも揃って挑戦しなければならないということである。

この2年近くのあいだに、何のための経済か、という問いが多くの人々の頭をよぎり、ポスト資本主義や脱経済成長の議論が一気に噴出したのは単なる偶然ではない。

「新型コロナウイルスが公衆衛生、経済、食料システム及び自然に及ぼす影響を考慮しつつ、我々は、生物多様性の損失への対処という使命が、本来的に、人間、野生生物、動物の健康を守り、将来のパンデミックを予防する使命と繋がっていることを認識する」という文章は、2021年6月11~13日に英国のコーンウォールで開かれたG7首脳会合のコミュニケ附属文書「G7・2030年自然協約」の一節である。世界は、いま本当に必要なことに気づき始めている。

したがって、「ステークホルダー資本主義」という概念自体、経営者が単に自らの立場を防衛するためというのは問題外で、仮に企業を取り巻く現在のステークホルダーである顧客・従業員・地域社会などにこれまで以上の利益を配分する、政府へより多くの税金を支払うと経営層が宣言しても、世の中の行き詰まり感と息苦しさを解消することには繋がらない。持続可能な社会と地球を見通せるという安心感にも繋がらない。それは、これまで以上の利益を株主以外にも配分するといったとたん、一定のパイをどう分配するのかという「取り合い」か、いままで以上にパイを大きくするという「成長」の発想に至り、「経済は全てを癒やす」という前提はなんら変わらない、ということになるからである。

確かに、足元の経済的格差の拡大は様々な懸念を生んでいる。企業や富裕層の莫大な富の内部留保が社会的に再配分される意義はある。その意義を認め、要請に応えようとする企業の行動を否定する必要はない。ただ、筆者から見れば、これは未だステークホルダー資本主義1・0だ。ステークホルダーが、より多くの配分を求めている限り、企業もステークホルダーも「経済は全てを癒やす」という呪縛から抜け出せず、最終的には双方の首を絞めることになる。

資本主義は欠陥だらけだが、これまで試みられてきた他の経済体制よりはましだ、とよく形容される。「経済は全てを癒やす」というこれまでの常識を相対化し、「地球環境」や「未来世代」を重視・配慮する意思決定や資源配分に修正することを、この枠組みのなかで挑もうとするのが、ステークホルダー資本主義2・0だといえよう。これこそが、真に構築されるべきステークホルダー資本主義ではないだろうか。

このように考えると、ステークホルダー資本主義2・0は、企業経営者の経営方針の変更というレベルのものではありえない。経営者団体が宣言すれば、それで実現するようなものでもない。「経済は全てを癒やす」というこれまでの常識を相対化し、「地球環境」や「未来世代」を重視・配慮する意思決定や資源配分に修正するという、経済のかたち、世の中のかたちを形容するものである。

もちろん、企業経営者や経営者団体から、そうした経済のかたち、世の中のかたちを支持する、自分たちはそうした方向への転換を先導すると声が上がることは無意味ではない。しかし、声を発することのできるステークホルダーの側が、従来の「パイの取り合い」を改め、「いま」だけを視野に入れた利害調整から、「いま」と「未来」の利害調整に傾注していくという合意が成立することに本質がある。

「ここは自分の土地だ」と権利を主張することがステークホルダーの語源で、現在の文脈では「ステークホルダーは、企業の目的の遂行に影響するか影響を受けるグループまたは個人である」という定義を紹介した。この文脈では「地球環境」も「未来世代」も、現時点で権利や意志を表明する存在ではないし、合意形成に参加する術もないから、ステークホルダー資本主義2・0は荒唐無稽だということになるかもしれない。確かに、政治は、いま生きている有権者のもので、人間以外の生命やこれから生まれてくる人間には投票権がない。司法においても、訴えを起こせるのはいま生きている人間だけだ。経済学も、いまの時点で世の中を切り出して、効用の最大化や最適な資源配分を論じているに過ぎない。

しかし、本当にそうだろうか。疑似的にでも「地球環境」や「未来世代」をステークホルダーに近づけることはできるのではないだろうか。私たちが怠慢で「地球環境」や「未来世代」を重視・配慮する意思決定や資源配分の方法論をつくり上げようとしなかっただけではないか。たしかに、現状では、まだ手探りであるに違いない。しかし、それを模索する作業に駒を進めてみよう。

第5章　気候変動がもたらす危機の時代

自然資本と生態系サービスの意義

筆者は長らく、経済学者トマス・ロバート・マルサス（1766〜1834年）という人の存在に関心を有してきた。それは、彼が（明示的でなかったとはいえ）「地球環境」と「経済」のあいだの相互関係に、洞察を怠らなかったと考えるからである。

その著書『人口論』（1798年）では、「人間の生存には食料は必要である」「人間の情欲は不変である」というふたつの前提に立って、「人口は生活資料（人間が生きていくために必要な食料や衣料などの生活物資）が増加するところでは常に増加する。逆に生活資料によって制限される」「人口は幾何級数的に増加し、生活資料は算術級数的に増加するから、人口は常に生活資料の水準を超えて増加する。この結果必然的に不均衡が発生する」ことを説いた。

同時に、マルサスの着眼点の鋭さは「不均衡が発生すると人口集団には、それを是正しようとする力が働く。すなわち人口に対してその増加を抑えようとする積極的妨げ（貧困、飢饉、戦争、病気、退廃）や予防的妨げ（主として晩婚化・晩産化・非婚化による出生の抑制）が起こる。また生活資料に対してはその水準を高めようと人為的努力（耕地拡大や収穫拡大など）が起こる」と予測したところにあった。こうした、人口と経済の相互依存関係への注目は、

『人口論』が著されて200年以上が経過した現在においても、大きな示唆を包含している。

この200年のあいだは、マルサスの予測は幸いにも現実にならなかった。予測に反して、生活資料も幾何級数的に増加したからである。技術革新によって生産性を著しく向上させるというメカニズムが働いたのだ。例えば、一定面積の土地から生産される穀物量は、灌漑、機械化、品種改良、施肥などによって、算術級数的な増加に止まることはなかった。暮らしに利用される木材量も、伐採面積を増やすことによって、不均衡を顕在化させずに済んだ。何より、石炭、石油、ガスという過去から蓄積された化石燃料を大量に掘り出すことで、莫大なエネルギーと財の原料を手に入れることができた。

マルサスの予測を回避するための、「生活資料も幾何級数的に増加させる方法」が「(少なくとも物質的な)経済成長」に他ならなかったと言い換えることもできる。

マルサスが200年後の現代を目にしたなら、『人口論』の記述を修正せざるを得なかったに違いない。しかし、同時に、マルサスの慧眼は、別の真実を暴き出すかもしれない。「技術革新を通じた生産性改善と化石燃料の採取に依存した、不均衡顕在化の回避は、これからは、決して容易に継続しない」と彼は改めて予測するのではないだろうか。

「これからは、決して容易に継続しない」という予測がなされる理由は、「自然資本」の劣化もしくは枯渇が深刻だからだ。自然資本とは、地球上の再生可能／非再生可能な天然資源（例：植物、動物、大気、水、土壌、鉱物）を指す。そして、食品や飲料水を得る、新鮮な空気がつくられる、適切な量の雨が降る、風光明媚な景色を愛でることができるなど、「自然の恵み」と私たちが当たり前のこととして感じていることがらも、「自然資本」があってのことなのである。こうした「自然資本」がつくり出してくれる「自然の恵み」は「生態系サービス」と呼ばれる。前者が「ストック」、後者が「フロー」の概念である。

マルサスの時代にストックとフローという概念は確立していなかっただろうし、「自然資本」という言葉も「生態系サービス」という言葉もなかったが、生活資材はあくまでフローであり、それを生み出す資本によって支えられていることに思いを馳せる必要がある。

そして、「資本」と聞いて我々が、まず思い浮かべるのは、工場設備やインフラのような物的資本や莫大な債権、あるいは証券資産のような金融資本かもしれないが、経済活動の本源的な資本は「自然資本」である。

土地、水、大気、生態系が長年の人間活動によって影響を受け、フローを生み出す能力を低下させてきている。その実態は、生態系サービスをつくり出す生産性が低下しているケースもあれば、利用可能な自然資本量自体が減少している側面もあるということなのだ。「エコロジカル・フットプリント」も「プラネタリー・バウンダリー」も「人類は、いま初めて大きな制約条件に直面している」ということも、「健全な地球なくして、健全な経済活動、企業経営は営めない」ということも、このことと通底している。

自然資本、そして生物多様性の経済学

経済学の系譜において「自然資本」という概念は、1940年代後半に形成された。それは、エコロジー経済学やエントロピー経済学が、人間と自然との間の物質代謝機構の崩壊を問題視したり、環境資源論アプローチが環境を「再生産不可能な資本資産(capital asset)」として捉えたりするよりも以前のことである。

今世紀に入っては、経済学的な観点から生物多様性の喪失を論じた「生態系と生物多様性の経済学(TEEB:The Economics of Ecosystem and Biodiversity)」報告書が注目される。生物多様性のグローバルな経済的利益を考察し、生物多様性の損失および生態系の破壊にかかる巨大なコストに警鐘を鳴らすことを目的に2007年からスタートした研究チームの業績である。報告書は、あるひとまとまりの生物多様性を資産(ストック)として捉え、

その生物多様性から生み出され、人々にとって有意義であるサービス（フロー）を定量的に捉えようとする斬新な見方を示した。自然環境が経済活動や人々の暮らしとどのように関連しているのかを明らかにすると同時に、自然環境や生態系の管理が国や地方自治体の政策および公共管理の重要なアジェンダ（議題）であることを示した。

それに続くメルクマール（指標）となったのは、国連環境計画（UNEP）の主導で作成され、2012年6月の「国連持続可能な開発会議（リオ＋20）」で発表された「自然資本宣言（Natural Capital Declaration）」であろう。宣言は「自然資本は地球の自然財産（土壌、大気、水、植物相、動物相）から成り、それらに起因する生態系サービスによって人間の生活は成り立っている。自然資本からの生態系サービスは年間何兆ドルもの価値を生み出しており、食物、繊維、水、健康、エネルギー、気候保全、その他あらゆる不可欠なサービスを構成している。

しかしながら、これら生態系サービスだけでなく、それを提供する自然資本のストックも、社会資本や金融資本と比べて適切に価値評価されていない。我々の健康に必要不可欠であるにもかかわらず、その日常的な使用法は今日の経済システムのなかでも、ほとんど見過ごされたままである。このような自然資本の使用は持続可能ではない。民間も政府も我々全てが、自然資本の使用についての認識を深め、今日および将来の経済成長と人類の健康の維持にかかる真のコストを認識しなければならない」と自然資本の重要性を述べている。

こうしたことから、資本主義がその変容を志向していくのなら、そこには「自然資本としての地球環境」というステークホルダーが明示的に意識されなければならない。

気候変動の脅威

ここで、２０１９年2月に国立環境研究所などの研究プロジェクトチームが、気候変動の影響に関する文献の網羅的な調査を行い、得られたデータを理解可能な図として表現して気候変動が及ぼす影響の連鎖を可視化することを試みた実績を紹介したい（**図5－1、図5－2**）。

研究プロジェクトチームは、①水資源、②食料、③エネルギー、④産業とインフラ、⑤自然生態系、⑥災害と安全保障、⑦健康の7つの分野を選び、文献調査の結果、全体として気候変動による影響を87項目に、これらの影響を引き起こす気候変動要因を17項目にまとめた。[*14]

図 5-1　気候変動要因(17項目)と気候変動による影響(87項目)

水資源

河川流量の減少／増加
土壌水分の減少／増加
河川水温の上昇
河川水質の悪化
沿岸部の塩水化
湖沼水温の上昇
湖沼水質の悪化
地下水質の悪化
地下水量の減少
水資源の減少／増加
水需要の増加
水処理費用の増加
水価格の上昇

食料

作物生産量の減少／増加
牧草生産量の減少／増加
家畜生産量の減少／増加
病害の増加
農地被害の増加
漁獲量の減少／増加
食料流通の変化
食料貿易の変化
食料価格の上昇
飼料価格の上昇
食料供給の不安定化

エネルギー

水力発電効率の低下／向上
火力発電効率の低下
原子力発電効率の低下
冷房需要の増加
暖房需要の減少
エネルギー需要の増加
エネルギー価格の上昇
エネルギー供給の不安定化

産業とインフラ

インフラ被害の増加
観光産業への悪影響
木材生産量の減少／増加
北極海航路の出現

自然生態系

生態系生産量の減少／増加
土壌流出の増加
土壌有機物の減少
藻類などの繁茂
森林火災の増加
森林の衰退と枯死
植生帯の変化
マングローブ林や湿原の減少
害虫の増加／減少
生物多様性の低下／向上
海洋生態系生産量の減少
海洋表層栄養塩の減少
海洋炭酸カルシウムの溶解
海洋溶存酸素の減少
海洋生物生息域の変化
海洋生物多様性の低下

災害と安全保障

水安全保障の悪化
食料安全保障の悪化
エネルギー安全保障の悪化
島嶼地域への悪影響
文化遺産の損傷
居住地の移動
紛争の激化
洪水の増加
土砂災害の増加
家屋被害の増加
海難事故の増加
水難事故の増加

健康

熱中症や熱関連死亡の増加
寒冷関連死亡の減少
下痢の増加
低栄養の増加
水媒介感染症の増加
食料媒介疾患の増加
動物媒介感染症の増加／減少
人間媒介感染症の増加
PTSDなどの精神疾患の増悪
呼吸器疾患の増加

気候要因

温室効果ガス濃度の減少／増加
気温の上昇
猛暑の増加
降水量の減少／増加
熱帯低気圧の強化
豪雨の増加
強風の激化
高潮の強化
雪氷の融解
凍土の融解
季節サイクルの変化
海水温の上昇
海面水位の上昇
海洋循環の変化
海洋の酸性化

※「減少／増加」のように記されている箇所は 2 項目としてカウントする。

出典：国立研究開発法人国立環境研究所

この図のなかで、「食料安全保障の悪化」や「紛争の激化」という連鎖のパスはイメージが湧きにくいかもしれない。２００４年2月22日、英国の新聞『オブザーバー』が衝撃的な記事を掲載した。米国国防総省（ペンタゴン）が、極秘裏に地球温暖化の安全保障上の影響を研究していたということを暴露したのであった。An Abrupt Climate Change Scenario and Its Implications for United States National Security とのタイトルが付けられた報告書[*15]は、地球温暖化が向こう20年のあいだに、軍事的衝突や自然災害を引き起こし数百万人の命を奪う可能性があると分析した。20年までに主要な欧州都市が海面下に没し、英国はシベリア並みの気候に変わる。大干ばつ、飢饉、大規模な暴動が世界を覆い、多くの国々が限られた食糧、水、エネルギー供給を守るために核兵器を開発することで地球は無政府状態に陥ると報告書は予測したのだった。

気候変動がもたらす世界秩序の流動化は、テロとの戦いよりも深刻な問題だとする意見も掲載されている。幸いにも、予測の多くは未だ現実のものとならずに済んでいるが、気

＊14 https://www.nies.go.jp/whatsnew/20190228/20190228.html
＊15 October 2003、著者は Peter Schwartz 氏と Doug Randall 氏。

図5-2　食料分野を切り口とした気候変動影響の連鎖

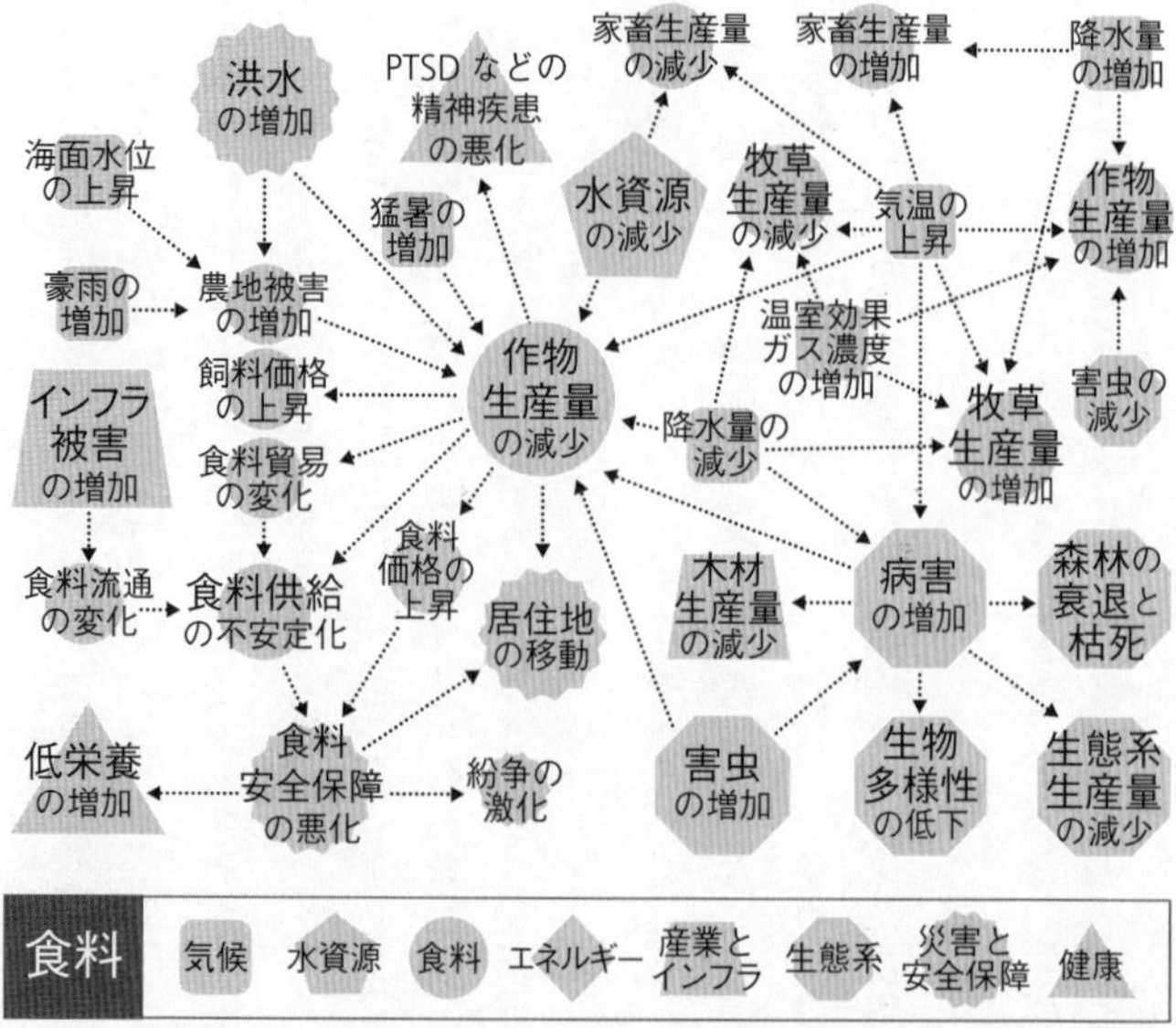

出典：国立研究開発法人国立環境研究所

候変動が安全保障を揺るがす脅威であるとする懸念は、全く払拭されてはいない。

気候変動が多数の難民を生み地域紛争を激化させたと指摘されるのが、スーダン西部のダルフール地方のケースである。約20万人が殺され、スーダン国内の避難民や隣国のチャドに逃れた難民の数は200万人を超えるとされるが、大規模な干ばつで、多数の農民が土地を離れたことが混乱のきっかけだったと言われている。UNEPは、ダルフール紛争と環境問題に関する最新の調査報告書で、この地域で過去80年間に降水量が平均で16～30％減少したことなどを挙げ、「この地域の気候変動は過去に例のない規模で、これが地域紛争に深く関連している」と指摘した。『ニューヨーク・タイムズ』紙のコラムニスト・トーマス・フリードマン氏は、２０１１年から続くシリア内戦の引き金も同様に、気候変動により駆動された干ばつにあるとの見解を発表している。

気候変動と健康被害

本書では前章で、国立環境研究所の五箇先生の「5月22日の国際生物多様性の日に寄せたメッセージ」を紹介した。既に10年以上前から、米国政府は気候変動が進展するにしたがって懸念される健康への脅威を11項目特定し、さらなる調査研究が必要であることを指摘していた。[*16] ２０１４年8月には、スイスのジュネーブにあるＷＨＯの本部で「気候変動

＊16　Environmental Health Perspectives and the National Institute of Environmental Health Sciences (NIEHS), "A Human Health Perspective On Climate Change: A Report Outlining the Research Needs on the Human Health Effects of Climate Change", April 2010

と健康被害」をテーマにした世界で初めての国際会議が開催された。2050年に向けて、高温や火災の頻発、洪水の多発と汚れた水が媒介する疾病の増加、生物が媒介する疾病の増加、食料の生産性低下による栄養不足などを原因として、身体的な損傷や疾患、ひいては人が死亡に至るケースが大きく増加するとの認識に立ち、WHOは「気候変動のもとでの人の健康を維持するにはどうすべきか」「気候変動を緩和する取り組みが、どのように人の健康にもよい影響を与えるか」というふたつの主要な議題を据えた。複数の国から閣僚も加わり、国連関係者、自治体の首長、市民団体など300人が参加して、問題提起と対策に関する議論を行った。それは保健や医療の関係者が気候変動問題に関与するという、これまでには見られなかった構図であった。

WHOのマーガレット・チャン事務局長（当時）は、会議冒頭の挨拶で「私たちの惑星は、人間の生命を健康な状態に維持しておく能力を喪失してしまっている」と懸念を強調した。そのうえで、「マラリア原虫とそれを媒介する蚊の存在は気候の変化に密接に結びついており、一気に流行化する恐れがある」「さらに、コレラ、デング熱、細菌性髄膜炎も気候変動との関連性が高い」と警鐘を鳴らした。また、「新たな病気の75%は、家畜もしくは野生動物が起源であるが、気候変動が生態系を乱し、個体数を大きく変化させることが、野生動物の人間の生活圏への進入や種を超えた病原体の伝播《でんぱ》をもたらしている」として、ニパーウイルスやハンタウイルスの影響拡大の事例を挙げた。「明確な根拠は未だない」としながらも「気候変動はエボラ出血熱の発生頻度に影響を与えているという見方がある」とも言及した。

会議にあわせて、2030年から50年までのあいだの20年間の変化として、年間に気候変動が原因で死亡する人の数が25万人ずつ増えるとの推計も発表された。その主な原因は、栄養失調、感染症、下痢、暑熱ストレスなどである。酷暑は空気中のオゾンや他の汚染物質のレベルを上昇させ、心臓血管疾患および呼吸器疾患を悪化させる。さらに、花粉や他のエアロアレルゲンのレベルも高くなり、喘息の原因となって世界で約3億人の人々に影響を与えることが予測されている。

健康や生命が直接的に脅かされる時代に

2018年4月に、気候変動に関する最も重要で最先端の研究論文を掲載する月刊誌として知られるNature Climate Changeに掲載された、豪シドニー大学のヘレン・ベリー教授らが執筆した論文も興味深い。ここでは、気候変動の精神保健に及ぼす影響が無視できないことを論じている。熱帯夜が連続して睡眠不足が蓄積すれば、メンタルヘルスに変調をきたすきっかけになりやすいというのだ。実際、熱波が来襲した期間の精神疾患による入院者数が増加したという調査結果や高温で農作物に深刻な被害が生まれることで、農民の自殺が顕著に増えるとの事例が参照されている。

気候変動がそう簡単に緩和されないとすれば、今後も、気候変動による健康被害は引き続き拡大するだろう。今回の新型コロナウイルスという感染症の流行が終息したとしても、私たちには再び新たな感染症が襲ってくると覚悟しておいたほうがよい。感染症に止まらず、熱中症や熱関連死亡の増加、下痢の増加、低栄養の増加、食料媒介疾患の増加、精神疾患の増加、呼吸器疾患の増加などが顕在化しよう。人々の健康が脅かされる事態が目に見えるかたちで起こってくると、今後、自由権や生存権の保護を国に求めるという動きを一層加速させることになるだろう。

米国公衆衛生学会のジャーナル誌に、米ジョージ・ワシントン大学のサブリナ・マコーミック博士らが投稿した「気候訴訟における健康問題の役割」と題する論文では、1990年から2016年の間に気候変動と石炭火力発電所に関して、米国の地方裁判所、州裁判所、連邦裁判所で判決が下された873の判例を抽出。原告が気候変動の健康上の問題を提起した139事例を分析して、政府の気候変動対策が不十分であることを、その論文は明らかにした。健康上の懸念を訴訟の要件とすることで、より効果的な気候変動政策を可能にできると、論文は結論付けている。

今回の新型コロナウイルス感染症の感染拡大に伴って継続される行動自粛要請に対して、「そうやって一生制限してろ（笑）」という意見がある。この意見が、今後の新たな感染症の出現や気候変動による健康被害が不可避だという認識のうえになされているのか否かは定かではない。しかし、感染はどう転んでも不可避なのだから何ら個人の行動に制約を与えるべきでないというのなら説得力はない。

新たな感染症の出現や気候変動による健康被害を少しでも抑制するために、個人の行動には一定の制約が課される世の中が到来する可能性は高く、その抑制に失敗すれば、自由放蕩の代償として健康や生命が、直接的に脅かされる状況が来る。それでも政府や他者からの干渉を絶対に認めないという選択をいったい、どれほどの人が支持するだろうか。

第6章　慎みへと回帰し居住まいを正す

時間軸の悲劇とは何か

本章の始まりでは、前イングランド銀行総裁のマーク・カーニー氏に登場を願おう。カーニー氏が2015年9月29日、ロイズ・オブ・ロンドン（ロイズ保険組合）で行ったスピーチは、21世紀前半において最も影響力を有したスピーチとして後世に語り継がれると筆者は確信している。そのハイライトを引用すると次のようなものである。[*17]

環境経済学の古典的な問題は、コモンズの悲劇（共有地の悲劇）です。その解決策は、財産権と供給管理の中に見出されます。気候変動は時間軸の悲劇です。気候変動の壊滅的な影響が、伝統的な領域を超えて及んでいくであろうことは、アクチュアリー（保険数理人）たちに言われるまでもありません。今の世代が備えようとしないコストを将来の世代に押し付けているのです。（中略）

金融政策の範囲は2～3年の広がりです。金融の安定のための範囲はもう少し長いのですが、しかし、一般的にはクレジット・サイクル（信用サイクル）よりも少し長い約10年までです。言葉を替えると、一旦気候変動が金融の安定のための決定的な問題となっていると判明すると、その時にはすでに手遅れかもしれません。（中略）

今年初め、Ｇ20の財務相たちは、金融安定理事会（Financial Stability Board：ＦＳＢ）に対しどうすれば金融セクターは気候変動が私たちの金融システムにもたらすリスクを考慮に入れることが出来るのかにつき検討するよう求めました。ＦＳＢの議長として、私は、先週行った会議も含め、さまざまな会議を主催しましたが、そこでは民間部門と公共部門の代表たちが、気候変動からする、現在および将来予想される金融安定のリスクと、それらを軽減するために何が出来るのかにつき議論がなされました。（中略）言い換えれば、時間軸の悲劇が突然に顕在化することは、それ自体が金融安定のリスクです。

＊17　一般財団法人地球・人間環境フォーラムのホームページに掲載された日本語訳から、筆者が修正して引用。特に Tragedy of the Horizon というフレーズに「ホライゾン（地平線上）の悲劇」との訳出を行っている点については、その理解を助けるため「時間軸の悲劇」と訳出するほうがよいと筆者は考えている。
https://www.gef.or.jp/activity/economy/finance/shiryo/markcarneyspeech/

ここでは、若干の解説が必要かもしれない。多数者が利用できる共有資源が乱獲されることによって資源の枯渇を招いてしまう状況を「共有地の悲劇（Tragedy of the Commons）」と呼ぶ。例えば、所有者がハッキリせず共有地だと思われている土地に、牧草が豊富に育っているとする。もし複数の牧場主が、この事実に目を付けたなら、我先に牧牛を放ち牧草を食べさせるだろう。その結果、土地は丸裸になって、次の年からは禿山として存在するだけになる。所有権を明確にし、牧牛の数を制限すると同時に受益者にコストを負担させるなら、この土地は継続的に牧草を再生産させてくれるはずだ。

目ざとい複数の牧場主が、それぞれ我先に牧牛を放ち牧草を食べさせる行為は、超短期的利益追求としては合理的かもしれないが、社会的に見れば馬鹿げた話である。未来世代は、せっかくの牧草地を全く使えないことになり、コストを現在世代から押し付けられるのである。

同じように、気候変動問題についても、ここ1～2年で見ている限りは、各々金融機関はこれまでと同じビジネスができる。ブラジルの森林を開拓して農地をつくる企業や石炭火力発電の設備を拡張する企業に融資をしても短期的には利益が生まれる。しかし、その視野もしくは時間軸にとらわれてビジネスを続けていると、ある限界を超えたところで洪水、台風、高潮、干ばつ、熱波といった現象が世の中を襲う。金融機関の融資先が広く損害を受ける、あるいは、ある日突然に森林伐採が禁止されたり、石炭火力発電が規制されたりして、債権が焦げ付く。カーニー氏は、こうした事態が発生することで、かつてのアジア通貨危機と同じように、金融システム自体が不安定となり、未来世代が大きな不利益を被ることを予言し、警鐘を鳴らしたのである。

世界の金融監督当局と中央銀行の元締めのような機関の議長が、現在世代と未来世代の利害をめぐるパラドックスを気候変動に見出して、気候変動は金融安定のリスクであると言い切ったことが、このスピーチの意義である。

加えてカーニー氏は、単に問題を提起するだけでなく、その解決策にも言及している点も特筆しなければならない。このスピーチのなかで「古い格言は、『測定できるものは管理することができる』というものです」とし、気候情報開示タスクフォースを設立し、炭素排出企業の情報開示の自主的基準を設計し提供するアイデアを示した。スピーチは「測定されたものを管理することで、我々は時間軸の悲劇を打ち破ることができます」という一節で締めくくられるのだが、アイデアは後にＴＣＦＤ（Task Force on Climate-related Financial Disclosures：気候関連財務情報開示タスクフォース）の設立（15年12月）とその提言の取り纏《まと》め（17年6月）に結実することになる。

このようにして、この5年余りのあいだに、世界の金融関係者にとって気候変動は深刻なリスクだという理解が常識となったのである。

激甚な困難のなかで生きる世代

気候変動の断面を切り取っただけでも、ミレニアル世代やZ世代は、激甚な困難のなかで生きる世代だということができるだろう。一般的に、ミレニアル世代は1982年から99年までに生まれた世代を指し、Z世代は2000年から現在までのあいだに生まれた世代を指す。

Z世代の代表として、グレタ・トゥンベリさんがいる。「私はここに立っているべきではない。私は海の反対側で学校に戻っているべきだ。それなのにあなたたちは、私たち若者のところに希望を求めてやってくる。（そんなことが）よくもできるものだ。あなたたちは空っぽの言葉で、私の夢と子ども時代を奪い去った。でも私は運が良い方だ。人々は苦しみ、死にかけ、生態系全体が崩壊しかけている。私たちは絶滅に差し掛かっているのに、あなたたちが話すのは金のことと、永遠の経済成長というおとぎ話だけ。何ということだ」「あなたたちには失望した。しかし若者たちはあなたたちの裏切り行為に気付き始めている。全ての未来世代の目はあなたたちに注がれている。私たちを失望させる選択をすれば、決して許さない。あなたたちを逃がさない。まさに今、ここに私たちは一線を引く。世界は目を覚ましつつある。変化が訪れようとしている。あなたたちが好むと好まざるとにかかわらず」[*18]。これらは、2019年9月23日の国連気候行動サミットで彼女が行ったスピーチの一節である。

2018年8月20日にたった一人、スウェーデン議会の建物の前で「気候のための学校ストライキ」を始めた彼女の行動は、またたく間に世界の気候変動に危機感を覚える若者たちの心を摑んだ。それからたった1年余りで、数百万人が行動するムーブメントを世界中で引き起こしたのである。

筆者は、2019年の初めの頃から、企業や経営者団体で話をする機会が与えられるたびに、「グレタ・トゥンベリさんをご存じですか?」という問いかけを始めることにした。

＊18 東京新聞ウェブサイトに掲載された演説全文（邦訳）から引用。
https://www.tokyo-np.co.jp/article/27279

それは、筆者自身の自責の念を表明するとともに、一人でも多くの方とその念をシェアしたいと考えたからであった。しかし、最初の頃、大きな戸惑いだったのは、ほとんどの方が「グレタさんなど知らない」という反応だったことだ。

それが19年秋の上述の国連でのスピーチが、日本国内でも伝えられるようになると、「知っている」という方の人数が半数を超えていく一方で、「言い過ぎだ」「節操がない」という反発の声を多く耳にするようにもなった。「グレタさんのような発言を真に受けて、賛同や吹聴をして歩くようなことはお止めになったほうがよい」という諫言《かんげん》も頂戴した。日本国内では、とかく評判が悪いのである。

しかし、これは日本国内に限ったことでもないようだ。前述のように、2020年1月、「ステークホルダーがつくる、持続可能で結束した世界」というテーマを掲げたダボス会議に出席したトランプ米大統領（当時）は「米国は誰も予想だにしなかった好況のただ中にあり、世界中に米国より良き場所などない」という実績誇示のスピーチを行った。「必要なのは悲観論でなく、楽観論」「いつの世にもいる破局を口にする予言者は無視すべきだ」と、同会議がグレタ・トゥンベリさんを招いたことを暗に批判したのだった。

「子どもは未来である」を心に刻む

ただ、同じように、環境破壊の現状を批判した少女が、過去にも存在したことを思い返したい。1992年6月にブラジルのリオ・デ・ジャネイロで開催された地球サミットに集まった世界の指導者たちの前で、12歳の少女がスピーチを行った。カナダのセヴァン・スズキさんである。[*19] 別途協議が続けられていた「気候変動枠組条約」と「生物多様性条約」が提起され、署名が開始されたこの会議で、彼女は「私がここに立って話をしているのは、未来に生きる子どもたちのためです。世界中の飢えに苦しむ子どもたちのためです。そして、もう行くところもなく、死に絶えようとしている無数の動物たちのためです」と語り始め、「私たち子どもの未来を真剣に考えたことがありますか?」「直し方も知らないものを、これ以上壊すのはやめてください」と環境破壊を止めることを訴えた。

日本国内にも坪田愛華さんがいた。彼女が学校の学習課題で描いた漫画『地球の秘密』は、生物の誕生から現代に至るまでの歴史、自然界のバランス、環境破壊の現実、人々が行える環境運動などを取り上げた。この作品は、英語版『Secrets of The Earth』を始めと

*19 the UN Audiovisual Library: https://www.youtube.com/watch?v=JGdS8ts63Ck

して多くの言語に翻訳され、いまも世界中の子どもたちに読まれている。1993年には、UNEPのグローバル500賞が、子どもとして初めて贈られている。

筆者の卒業した高校の大先輩でもある小児科医・小林登先生は、生前、「子どもは未来である」という名言を残している。一説にはネイティブ・アメリカンの伝承と言われる「地球は先祖から受け継いでいるのではない、子どもたちから借りたものだ」や、イロコイ連邦の「政治的な決断を迫られたとき、必ず7世代先の人々のことを最優先に考える」というフレーズも、筆者の脳裏には繰り返し響く。もし資本主義の変容がいまからでも間に合うのであれば、未来世代をステークホルダーに明確に位置付ける必要があると考える理由はここにある。

『清貧の思想』から30年

1992年、作家・中野孝次氏が『清貧の思想』を著した。その「まえがき」には「いま地球の環境保護とかエコロジーとか、シンプル・ライフということがしきりに言われだしているが、そんなことはわれわれの文化の伝統から言えば当たり前の、あまりにも当然すぎて言うまでもない自明の理であった、という思いがわたしにはあった」と書かれている。[20]

この本のなかに、「資本主義の非物質化」や「脱経済成長」という話が出てくるわけではない。出てくるのは、西行、兼好、光悦、芭蕉、良寛などを引きながら、日本には物づくりとか金儲けとか、現世の富貴や栄達を追求する者ばかりでなく、それ以外にひたすら心の世界を重んじる文化の伝統があるという話だ。物の生産がいくら豊かになっても、それは生活の幸福とは必ずしも結びつかない。幸福な生のためには物とちがう原理が必要であることにわれわれはいまようやく気がつきだしている。いや、むしろ物にとらわれ過ぎている。購買、所有、消費、廃棄のサイクルにとらわれ過ぎているかぎり、内面的な充実を得られないことに気づきだしている。限りない物の生産と消費が地球上での共存の上からも、環境と資源保護のためにも許されないことを知っている。真の豊かさ、つまり内面の充実のためには、所有欲の限定、無所有の自由を見直す必要があると感じている。人が幸福に生きるためには一体何が必要で、何が必要でないかと、大原則に戻って考え直そうとしている人が大勢出てきている。日本にはかつて清貧という美しい思想があった。所有

＊20　中野孝次『清貧の思想』草思社、1992年9月

に対する欲望を最小限に制限することで、逆に内面自由を飛躍させるという逆説的な考えがあった。これが、著者・中野孝次氏の主張だった。

『清貧の思想』は60万部を超えるベストセラーとなった。その一方で、世間の反発も著しかった。筆者が最も印象に残っているのは「やっと赤貧から抜け出した人間が、したり顔で清貧などというものだから、卑しく感じられる」というものだった。そのほか「赤貧洗うがごとき環境からは清貧の思想も出てこない。それぐらい貧乏は怖いものである」「清貧は階層構造を持っているわけで、赤貧の上に成り立っている。赤貧の人々が存在しなければ清貧を愉しむことはできない」「清貧の思想とは、通俗的に言えば個人消費抑制の思想である。物は買うな、貯金しなさいという縮小均衡の思想である。年々5％台で経済が伸びるということを前提に物を考える時代は去ったというのは正確な指摘と思うけれども、縮小均衡を永遠に続けろという思想は不健全である」「経済も、性欲も、人間には本来備わっている欲望というものがあり、少なくとも近代の自由経済社会は、万人が共有している欲望の存在を素直に認めようというところから始まっている。だから縮小均衡の思想は、人間の本性に反する。少なくとも現に市場経済の国で暮らしている人間にとってみると、やはりネガティブな思想だということになる」「貧乏人は少しでも余裕を持つ人間になりたいというのが健全な欲望なのであり、これを偽ることは人間の道に外れる」「現在1億2000万人の人口を擁する日本が、どうやって国を閉ざすことができるのか。この基本原則を見ていない思想は、全てインチキな思想だと思えてならない」「縮小均衡では日本はやっていけない」「我々には自閉的心情にふけっている暇はない」など数々の批判が浴びせられた。

それから30年近くのあいだ、『清貧の思想』がリバイバルされることはなかった。それは、人々の心のどこかに、バブルへの反省を口にしながらも、本心では、バブルの再来を希求する願望があったからなのかもしれない。「経済は全てを癒やす」ということがあたかも絶対的な真理であるかのような空気が、この30年近く漂い続けてきたのである。

あえて『清貧の思想』に心を寄せる

ただ、30年という時間は、決して短くはない。いま55歳以上の人たちは、バブル期を成人として経験しているだろう。1986年に学校を卒業して社会人となった筆者も、ぎりぎりバブル期を成人として経験した者の一人であるが、それより若い世代は、バブル崩壊後の経済停滞期しか知らない。

2020年8月に総務省が公表した人口推計によれば、20年3月1日現在の日本の人口はおよそ1億2300万人である。そのうち、55歳以上の人たちというのは41・2％に過ぎない。そして、いくら少子高齢化が進んだといっても、20歳以上55歳未満の人口は42・1％を占める。成人全体で見ても、バブル経済を実態としては知らない世代が過半数になったという事実は時代の分水嶺を感じさせる。

もちろん、バブル経済を実態としては知らない世代のなかにも、ベンチャー企業を興したり、ネット企業に勤めたりして経済的成功を手にした人々も存在する。しかし、多くの人たちは、「就職氷河期」「失われた30年」「格差社会」と呼ばれる実態のなかで、豊かさを実感できないと感じてきた。

確かに、マンションの一室を手にし、家電製品と自家用車を手に入れ、携帯電話やスマートフォンは日常の必需品になっているかもしれない。しかし、「経済は全てを癒やす」という大号令に疲れ切ってしまったというのが、多くの人の本音ではないだろうか。昨今、若年・中年層の社会人のあいだで古民家ブームがあるという。不便でも、古民家に住みたいという人、古民家を改造したカフェが魅力的だという人が、筆者の周りにもたくさんいる。コロナ禍は、こうした感覚を一層、加速させているように思える。

西部邁氏の矜持

筆者に強い影響を与えてくれた人物の一人に、元東京大学教授の西部邁氏がいる。とはいうものの、筆者が西部氏の謦咳《けいがい》にじかに接したのは、いまから40年ほど前の一度きりに過ぎない。それでも、西部氏の発言や著作のなかの一節に、これまで何度も心を動かされてきた。

1987年の著作に、『貧困なる過剰』がある。このなかで西部氏は「マネーとかテクノロジーを不浄視したり犯罪視したりするのは、よほどに時代錯誤の浪漫主義者あるいは自然主義者でなければできない相談である」と述べたうえで、「人々に自分たちの理想は何であるかを尋ねると、依然として彼らは、より多くの『豊かさ』とより多くの『等しさ』が欲しいと応答する。しかし、そのより多くのものにたいして、かつてのような密度の高い願望が込められているかというと、そうではない。現実にすでに相当に豊かで等しくなってしまったという事情の下で、それ以上のわずかの上昇からは薄められた充実感しかえられない。『豊かさ』と『等しさ』はもう光輝く希望ではありえない。むしろ、あれも欲しいこれも欲しいという神経症的な苛立ちに発する欲求が駆け巡っているという光景である」と書いている。[*21]

「豊かさと等しさを価値の二本柱とする近代社会はヨーロッパとくに西ヨーロッパにおいて創られた。しかし西欧人は、自分たちの作り出した近代にたいする、豊かさと等しさをツートンカラーとする近代にたいする、自己懐疑を当初からひそやかにもっていた。のみならず、西欧の知識人の少なくない部分が、近代にたいする自己懐疑を哲学的、思想的、科学的そして文学的に表現することに真剣な努力を払ってきた。そうした努力こそが、ここ数百年にわたってヨーロッパ的知性の質を支えてきたのである」「自己懐疑をもたずにひたすら走りつづけることによって、たしかに日本文化は、少なくともパターンとしては、豊かさと等しさを純粋なかたちで享受できるようになった。実はそのことをさして日本の成功あるいは日本の力強さとよび、そういう見方がつい数年前までもてはやされてもいたのである」という分析は、30年以上の時が流れた今も、何ひとつ色褪せてはいない。

若い世代には、イメージが湧かないかもしれないが、西部氏は学生運動の闘士だった顔を持つ。1959年から東京大学教養学部で自治会委員長を務め、全学連の中央執行委員として60年安保闘争に参加した。安保闘争とは、日米安全保障条約の改定に反対する労働者や学生、市民による反政府、反米の大規模デモ運動である。60年安保闘争に参加した学生は、当時20歳だとして、現在80歳を超える。それから10年後の70年安保闘争に参加した学生は、当時20歳だとして、現在70歳を超える。「岸内閣打倒」や「造反有理」を叫んだ若者たちは、そのあと、企業に飲み込まれていった。西部氏のように、亡くなるその時まで、世の中はどうあるべきか、自分はどう生きるかを問い続けた人は、必ずしも多いとはいえない。

＊21　西部邁『貧困なる過剰』日本経済新聞社、1987年9月

第7章　現在世代から未来世代へと重点を移す

逃げ切り世代と世代間の不公正

いまの70代、80代の人々を形容する言葉に「逃げ切り世代」というものがある。もちろん、これは世代を包括的に捉えた表現であって、個々人をミクロで見れば全ての人に当てはまるわけではない。しかし、団塊の世代（１９４７〜49年に生まれて、文化的な面や思想的な面で共通している戦後世代）より上の世代が、退職後、比較的大きな経済的満足度を享受している状況は、いくつかの調査結果から浮かび上がってくる。

例えば、２０１０年３月〜４月にアクサ生命保険が実施した「第５回リタイアメントスコープ２０１０」では、「あなたは退職後の収入（公的年金／個人年金／預貯金／企業年金）についてどう思いますか？」という質問を、現役世代（３９８人が回答）と退職世代（２９６人が回答）の両方にしている。その回答結果では、退職した53％の人が「とても満足している」もしくは「満足している」と答えている。他方、現役世代では、そう回答した人は11％に過ぎない。およそ５倍の差がついているのである。さらに、退職世代のうち65歳未満では、「とても満足している」もしくは「満足している」と答えた人の割合が42％なのに対して、65歳以上では、その割合は57％になる。10年の調査ということもあり、ここでの退職者は55歳以上の人から構成されている。団塊の世代に照らせば、この年に61〜63歳を迎えていた年齢層である。

もうひとつ、『日経ビジネス』が2017年に20代から70歳以上を対象に実施した「世代間の公平性に関する意識調査」の結果がある（17年3月30日〜4月7日にインターネットで調査。有効回答数は961で世代別では20代が100人、30代が160人、40代が122人、50代が188人、60代が171人、70歳以上が220人）。

年金や医療、介護保険制度について「高齢者を優遇しすぎか」という設問に対して、「そう思う」「どちらかといえばそう思う」と回答した人が、20代と30代で約8割に上ったのは半ば当然だとしても、むしろ70歳以上の層ですら「そう思う」「どちらかといえばそう思う」と回答した人が50％おり、「そう思わない」「どちらかといえばそう思わない」の合計49・6％と拮抗している事実にここでは注目したい。70歳以上の層の一定程度の人が「自分たちは恵まれている」と感じていることが浮かび上がる。

ステークホルダー資本主義2・0とシルバー民主主義

「高齢者優遇の政治により、必要な改革が阻止される現象」と定義される「シルバー民主主義」。「急激な少子高齢化により、有権者に占める高齢者の比率が増加の一途にある日本。

高齢者の投票率は高く、投票者の半数が60歳以上になりつつある。この『シルバー民主主義』の結果、年金支給額は抑制できず財政赤字は膨らむばかりだ。一方、保育など次世代向けの支出は伸びず、年功賃金など働き方の改革も進まない」と警鐘を鳴らしたのは、八代尚宏・昭和女子大学教授であった。

八代教授の著書[*22]で紹介されているのが、世代別選挙区、ドメイン投票方式、余命比例投票などの選挙改革案である。世代別選挙区は、選挙の際に設定される選挙区を、例えば若年区（20代と30代）、中年区（40代と50代）、老年区（60代とそれ以上）に分割して各世代の有権者の人口比に応じて議席を配分するというものである。ドメイン投票方式は、子どもに選挙権を付与したうえで親が代理で投票するというもの。余命比例投票は世代別選挙区の考え方の拡張で各世代の平均余命に応じて世代ごとに議席数を配分するというものである。いずれの制度においても、現在の地域割り選挙区の考え方を一部踏襲することもできるし、現在の比例代表制のような地域割りを取り払った制度を構想することもできる。

こうした選挙制度に対しては、いずれも多くの国の憲法で見られる「法の下の平等」に反する、すなわち、国民一人ひとりが国家との法的権利・義務の関係において等しく扱われなければならないという観念から逸脱するとの指摘がある。しかし一方で、例えば、現在の日本においても最高裁判決として「違憲判決」が出されているにもかかわらず、衆議院・参議院のいわゆる一票の格差が厳然と存在している。その状況を鑑みれば、世代別選挙区、ドメイン投票方式、余命比例投票などの選挙制度を一概に否定する論拠は薄弱ではないだろうか。

高齢者に社会保障制度の破綻リスクと子ども・孫世代の利益を守ることを認識して頂き、高齢者世代の受益の一部を若年者世代に移転できる制度をつくり上げることは一考に値するのでなかろうか。例えば、現在の国民年金制度では、かつて被保険者であって65歳以上で死亡した高齢者に対しては、原則、一律に死亡した月分までの年金が支払われる。この大前提のうえで、その高齢者と生計を同じくしていた遺族（子や孫）が受け取ることができるのは、未支給年金がある場合だけである。

これに対して、平均寿命に至らず、その前に亡くなることになった高齢者の遺族（子や孫）に対し、死亡年齢ごとに一定の死亡給付金を支払うという制度を構想するアイデアがある。もちろん既定の年金財源から遺族（子や孫）に対する死亡給付金をねん出するため

＊22　八代尚宏『シルバー民主主義』中央公論新社、２０１６年5月

には、平均寿命より長く生きた場合の年金給付額は、低く抑えざるを得なくはなる。

このアイデアには、「老後に長生きしてお金がなくなることほど怖いことはない。その ため公的年金は終身、つまり死ぬまで貰える」という公的年金の基本的な設計思想に反するという批判が向けられる。また、「早死にすれば子ども・孫世代の利益になる」という発想につながる論理を持ち込むこと自体、「人の命を軽んじる危険思想」だという反発も予想される。

誤解がないように言えば、ステークホルダー資本主義2・0において、未来世代をステークホルダーに据えるというのは、高齢者を置き去りにする、見捨てるということではない。高齢者の意思と選択を前提として、現在世代から未来世代に資源を移転できる社会的制度をつくりたいということである。

高齢者からは「年齢に比例して社会に貢献してきた」「私たちはずっと働き社会を構成し支えてきた。そのインフラがあるからこそ若者も自由を謳歌できる。社会保険料も十分払ってきた」「高齢者が優遇されなければ未来世代だって将来が不安になるだけではないか」「投票に行かない若い世代に、問題の所在はある」という声が上がるだろう。

「老い」を直視することは重い。「死ぬこと」を俎上に載せる経済議論は、それゆえ、これまで活性化しなかった。政治家、官僚、経営者にとっては「老い」や「死」は、できるだけ触れたくないテーマである。しかし、経済を経世済民、個人一人ひとりの暮らしのレベルで捉えるのなら、これほど今日的なテーマはない。

高齢者にとっては、「いかに老い、いかに死ぬか」、若年世代にとっては、「いかに高齢者を支えるか」、その基本軸を定めなければ、健全な社会を目指すことはできない。そして、未来世代にとっても、その基本軸が拠りどころとなる。したがって、この問題はサステナビリティの大きなテーマとなる。

高齢者を軽んじれば、かならず自分が高齢者になったときにしっぺ返しを食う。経済成長に背を向ける怠惰な風潮を煽るのではなく、上の世代のために勤勉に働く意味を継承しつづけることが、将来、下の世代から支えてもらえる礎となる、それが世代間共助の理想であり温かな社会の本質だ。「老」「若」の対立図式化は、ゼロサム発想だ。対立を超えた非ゼロサムの道筋を考えることが実りある議論だ。こうした意見を筆者は過去に度々、傾聴してきた。さらに、高齢者の自然死、尊厳死、自裁死を容認するような発言は、高齢者以外に対しても「命の選別」や「優性思想」をつくり出すので慎むべきだという警鐘は尤もであると思う。

ここで、作家・筒井康隆氏の『銀齢の果て』という小説を思い出す。時は近未来、政府が、老齢人口の減少をもくろみ、70歳以上のお年寄りに空前絶後の老人相互処刑を強いる陰惨な状況を痛烈な風刺で描いた作品である。こうした世の中をつくりたいと願望するものではないと常に確認をしつつ、遮二無二「経済成長は全てを癒やす」という論理に搦《から》め捕られないようにしたいのだ。団塊の世代の皆さんに、来し方を振り返ってもらい、若い頃を思い出して、できるのであれば質素倹約、知足者富《ちそくしゃふ》の生き方を選択してほしい。これが筆者からの嘆願である。

将来の夢を持てない世代

２０１９年11月、筆者はひとつの意識調査結果に強い衝撃を受けた。日本財団が19年９月下旬から10月上旬にかけてインド、インドネシア、韓国、ベトナム、中国、英国、米国、ドイツと日本の17～19歳各１０００人を対象に国や社会に対する意識を聞いた「18歳意識調査」の結果であった（図7-1、図7-2）。

ここでは、「将来の夢を持っている」「自分の国に解決したい社会課題がある」との回答が他国に比べ日本は30ポイント前後低く、後者は半数未満。「自分で国や社会を変えられ

図7-1　「Q.あなた自身について、お答えください」への回答（各設問「はい」回答者割合）

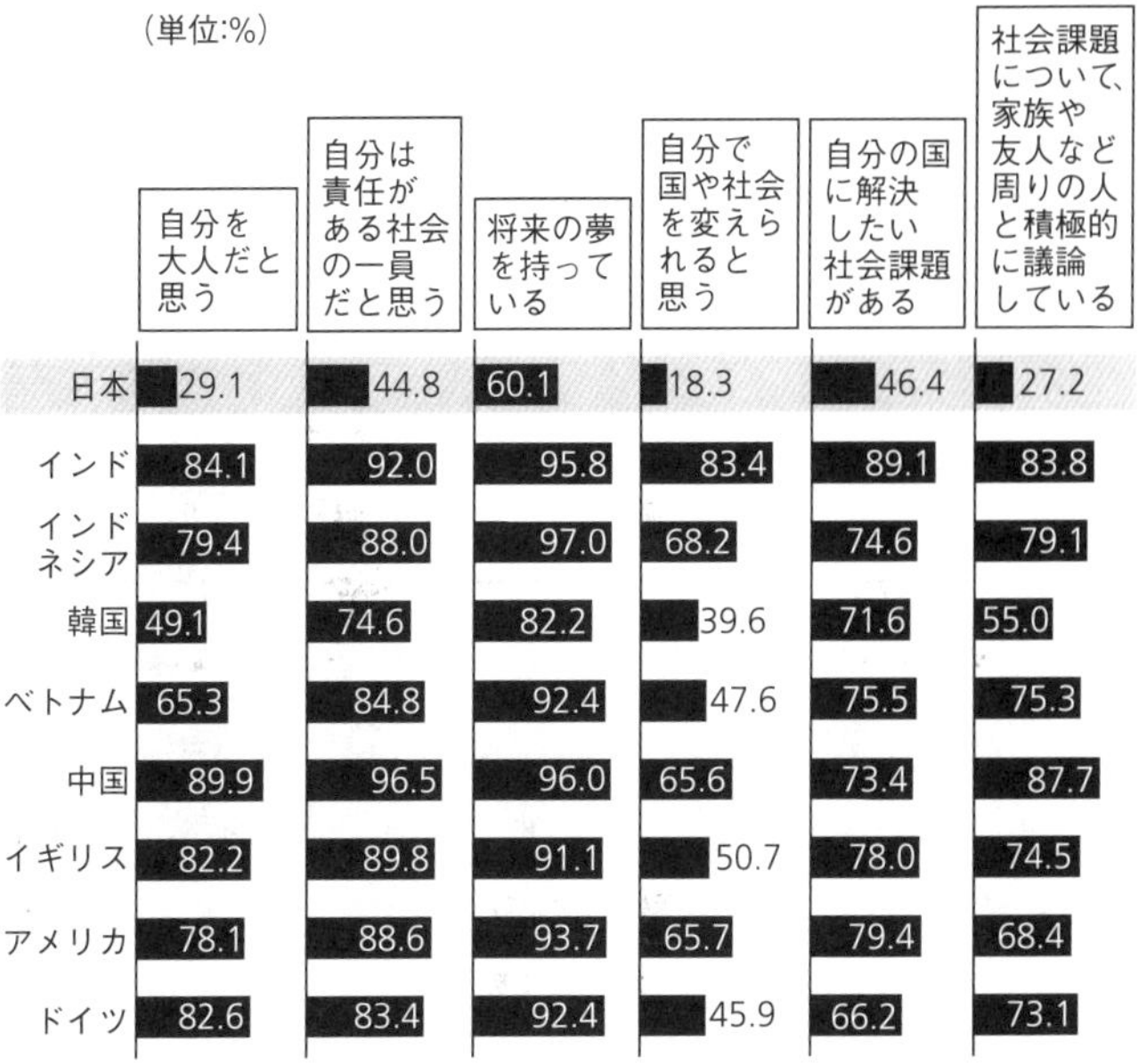

出典：日本財団「18歳意識調査」第20回調べ

ると思う」人は5人に一人以下で、際立っての最下位。国の将来像に関しても「良くなる」という答えはトップの中国（96・2％）の10分の1。また全体の約38％の人が国の将来は「悪くなる」と答えており、これは9カ国中2番目の多さだという調査結果が示されていた。*23

*23 https://www.nippon-foundation.or.jp/who/news/pr/2019/20191130-38555.html

図7-2　「Q.自分の国の将来についてどう思っていますか?」への回答

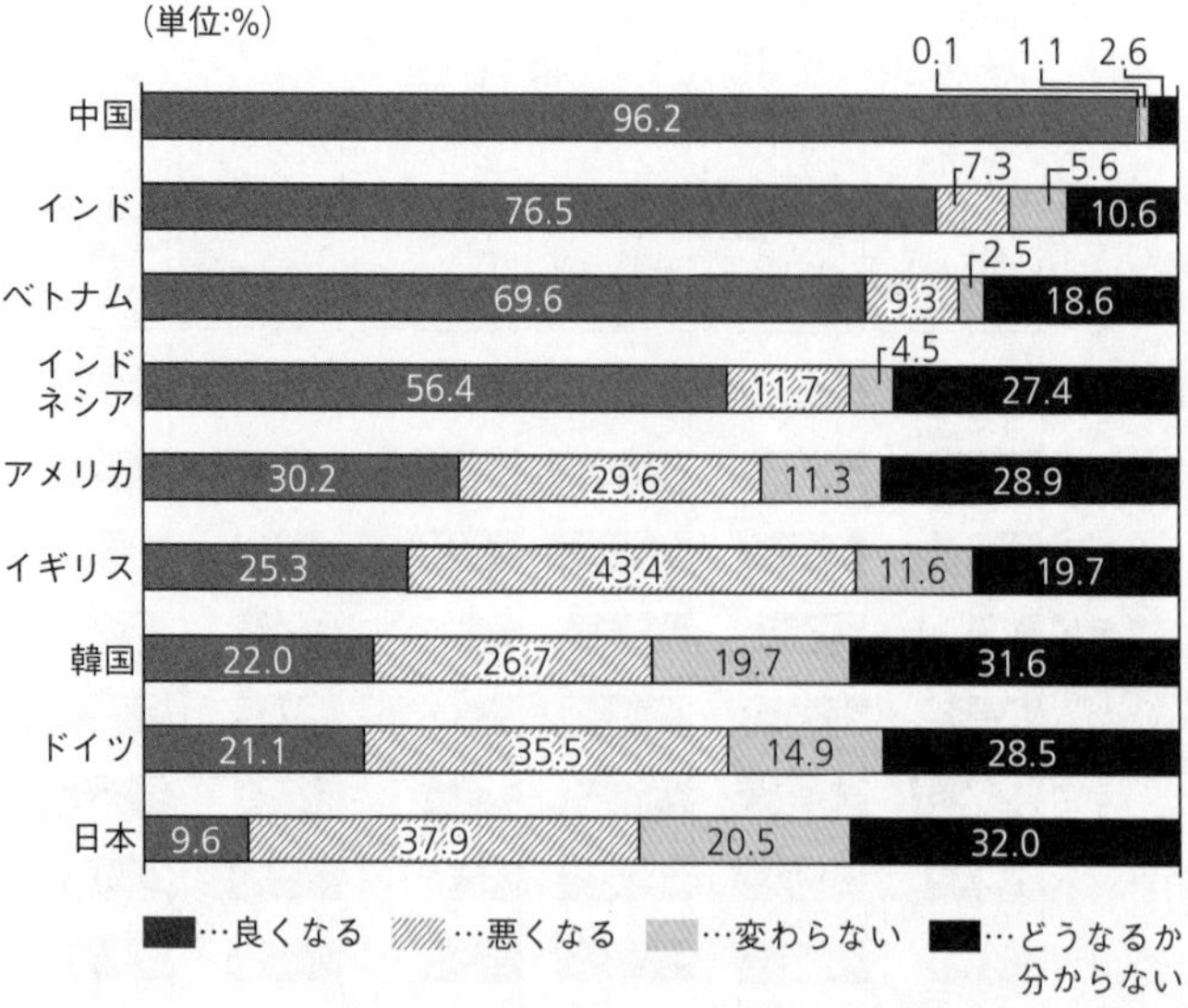

出典：日本財団「18歳意識調査」第20回調べ

この調査結果には、ふたつの解釈が成り立つ。ひとつは、日本の17～19歳世代は、他国に比べて相対的に心配や不安のない環境のなかで幸せに育ってきており、不満も少ない。現状に満足しているから、「解決したい社会課題がある」とも思わないし、「将来の夢」をあえて口にする必要もない。「国や社会を変える」必要も感じない。現状に満足なのだから、これより満足感が増すことをイメージするより満足感が将来、減じることを予感しているという解釈である。

もうひとつは、「将来良くなるとは考えにくい」国に暮らし、「社会課題や矛盾も山積している」と感じるが、変えることはできないだろうという無力感が先行し、「将来の夢を抱く」よりも「いつまでも子どものままでいたい」という意識に支配されているという解釈である。

上記の二分論のどちらか一方で実態を解釈するのは妥当ではなく、ふたつの異なった意識が併存しているというのが実際なのであろう。しかし、いずれにせよこの調査結果が描き出す17〜19歳世代のこうしたイメージからは、SDGsが謳う「我々の世界を変革する(Transforming our world)」というようなダイナミズムを見出すことはなかなか難しい。

しかし、その原因を、17〜19歳世代の責任に帰することは不条理に過ぎると筆者は考える。

若者たちの生気と希望を取り戻す政治を

一般社団法人経済社会システム総合研究所が、これまでに2回実施した「社会的課題に関する継続意識調査」では、「働き手や消費者としての社会的課題への関心」は、「給与やワークライフバランスといった事項に関する関心」（働き手として）や、「値段と質といった事項に関する関心」（消費者として）に比べて、いずれもあまり高くないことが明らかになっている。[*24] とりわけ気になるのは、関心が低い層が20〜29歳の層だけでなく、30〜39歳や40〜49歳の層にも広がっている点である。このことについて、経済社会システム総合研究所では、「海外では、ミレニアル世代やZ世代といった若年層の地球環境問題等への関心の高さが報じられているが、日本では必ずしもそうした状況にはないようである。『失われた20年』といわれる厳しい時代に幼少年期を過ごしたことなどが、若年層の姿勢に影響を及ぼしている可能性もある。若年層の意識には、今後も十分注意を払っていく必要があると考えられる」と分析している。

直近の調査では、年齢別に生活満足度を見ると、40代が最も低く、若年層、高齢層が高いU字形となっていることが特徴で、仮に17〜19歳世代が現状に満足しているから社会的課題への関心が低いのだとしても、そのあと30〜39歳や40〜49歳になると、今度は生活に余裕がなくなって、自分自身のことで精いっぱいとなり、「社会的課題など考える余地はない」という状況を迎えるのだと解釈することもできるだろう。

やや古い調査結果なのだが、国際比較調査グループＩＳＳＰ（International Social Survey

Programme）が２０１５年に実施した「仕事と生活（職業意識）」調査の結果も興味深い。[*25]

調査対象は31の国や地域の「現在、収入を得るための仕事をしている」人々で、各国・地域で概ね１０００~２０００人程度の有効回答数を得ている。まず、仕事にストレスを感じることがどの程度あるかを尋ねたところ、男性について見ると、「いつも」「よく」を合わせた「ある」と言う人が日本では5割を占めていて、他の先進諸国と比べて多くなっている（図7-3）。

働き盛りの30~40代の男性に絞って見ると、日本では仕事にストレスを感じることのある人が６割を占め、各国・地域のなかで最も多くなっているのである。女性について見ても、日本で「いつも」「よく」を合わせた「ある」と言う人は半数近くで、各国・地域と比べて多い。また、日本で、仕事にストレスを感じる人が多い傾向は２００５年調査と変

＊24　一般社団法人経済社会システム総合研究所「KAITEKI 研究会」
https://www.iess.or.jp/report-ishiki.html

＊25　ＮＨＫ放送文化研究所「放送研究と調査」、March 2018
https://www.nhk.or.jp/bunken/research/yoron/pdf/20180301_7.pdf

図7-3　仕事にストレスを感じることがあるか

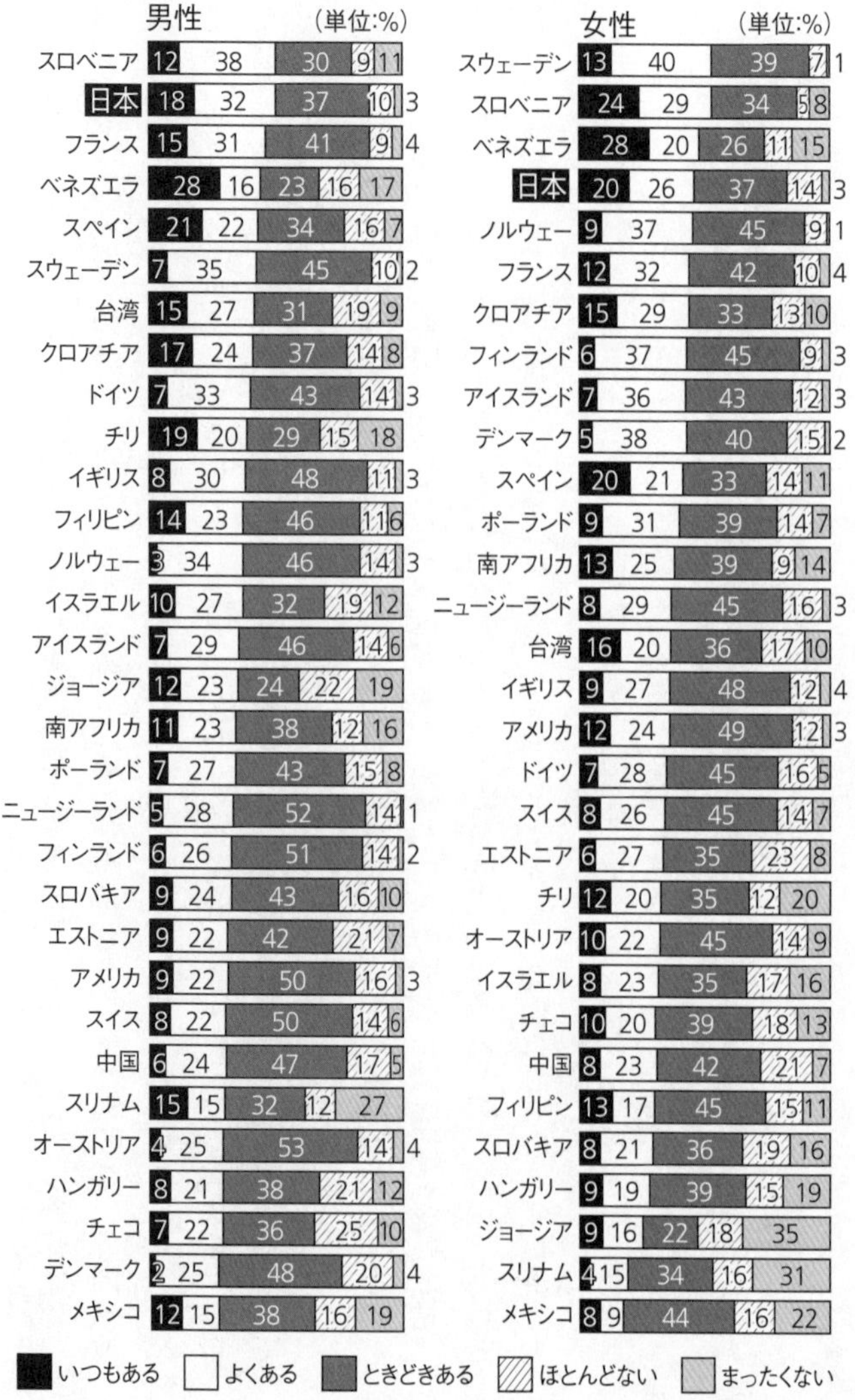
男性
(単位:%)
スロベニア 12 38 30 9 11
日本 18 32 37 10 3
フランス 15 31 41 9 4
ベネズエラ 28 16 23 16 17
スペイン 21 22 34 16 7
スウェーデン 7 35 45 10 2
台湾 15 27 31 19 9
クロアチア 17 24 37 14 8
ドイツ 7 33 43 14 3
チリ 19 20 29 15 18
イギリス 8 30 48 11 3
フィリピン 14 23 46 11 6
ノルウェー 3 34 46 14 3
イスラエル 10 27 32 19 12
アイスランド 7 29 46 14 6
ジョージア 12 23 24 22 19
南アフリカ 11 23 38 12 16
ポーランド 7 27 43 15 8
ニュージーランド 5 28 52 14 1
フィンランド 6 26 51 14 2
スロバキア 9 24 43 16 10
エストニア 9 22 42 21 7
アメリカ 9 22 50 16 3
スイス 8 22 50 14 6
中国 6 24 47 17 5
スリナム 15 15 32 12 27
オーストリア 4 25 53 14 4
ハンガリー 8 21 38 21 12
チェコ 7 22 36 25 10
デンマーク 2 25 48 20 4
メキシコ 12 15 38 16 19
女性
(単位:%)
スウェーデン 13 40 39 7 1
スロベニア 24 29 34 5 8
ベネズエラ 28 20 26 11 15
日本 20 26 37 14 3
ノルウェー 9 37 45 9 1
フランス 12 32 42 10 4
クロアチア 15 29 33 13 10
フィンランド 6 37 45 9 3
アイスランド 7 36 43 12 3
デンマーク 5 38 40 15 2
スペイン 20 21 33 14 11
ポーランド 9 31 39 14 7
南アフリカ 13 25 39 9 14
ニュージーランド 8 29 45 16 3
台湾 16 20 36 17 10
イギリス 9 27 48 12 4
アメリカ 12 24 49 12 3
ドイツ 7 28 45 16 5
スイス 8 26 45 14 7
エストニア 6 27 35 23 8
チリ 12 20 35 12 20
オーストリア 10 22 45 14 9
イスラエル 8 23 35 17 16
チェコ 10 20 39 18 13
中国 8 23 42 21 7
フィリピン 13 17 45 15 11
スロバキア 8 21 36 19 16
ハンガリー 9 19 39 15 19
ジョージア 9 16 22 18 35
スリナム 4 15 34 16 31
メキシコ 8 9 44 16 22
いつもある
よくある
ときどきある
ほとんどない
まったくない

出典：ISSP「仕事と生活（職業意識）」調査

図7-4　仕事を自分一人でできると思うか（そう思う+どちらかといえば、そう思う）

（単位：%）

	男性
スイス	93
デンマーク	91
ドイツ	90
スウェーデン	90
ノルウェー	89
フィリピン	88
オーストリア	88
スリナム	87
イギリス	86
ニュージーランド	86
スロベニア	85
フィンランド	84
台湾	84
アイスランド	81
ジョージア	81
アメリカ	80
ベネズエラ	76
フランス	74
チェコ	74
中国	70
スロバキア	70
エストニア	68
メキシコ	68
イスラエル	68
南アフリカ	67
スペイン	67
ハンガリー	66
チリ	60
クロアチア	50
ポーランド	38
日本	29

（単位：%）

	女性
デンマーク	90
スイス	90
ドイツ	89
ニュージーランド	89
ノルウェー	88
フィリピン	86
オーストリア	85
スリナム	84
台湾	83
フィンランド	82
アメリカ	82
スウェーデン	82
ジョージア	82
イギリス	81
スロベニア	78
中国	72
アイスランド	71
ベネズエラ	70
イスラエル	70
チェコ	69
フランス	68
エストニア	67
スロバキア	67
南アフリカ	66
メキシコ	65
スペイン	58
ハンガリー	57
チリ	57
クロアチア	51
ポーランド	32
日本	26

出典：ISSP「仕事と生活（職業意識）」調査

わらないという。

仕事を自分一人でできると思うかを尋ねた調査結果も特徴的だ(図7-4)。「どちらかといえば」を合わせて「そう思う」はほとんどの西・北欧諸国で8割以上を占める一方、日本では男女ともに2割台にとどまっている。一人で仕事ができると思う人が突出して少ない傾向は、やはり2005年調査と同様の傾向であるという。この点について、もちろん、「他の人の助けがあってこそ仕事ができると考える、日本人の控えめな国民性が背景にある」という解釈ができる一方、「一般的な日本企業では、個人の業務と権限が明確に決まっていないため、些細なことでも自分で決められず、いちいち上司に判断を仰がなければならないから」とする解釈にも説得力がある。いずれにせよ、日本において、仕事は他者との関係性に大きく依存しており、それがストレスを感じる原因になっている側面がうかがえる。

この調査では、仕事が面白いかという問いも設けている(図7-5)。仕事が面白いと感じる人の割合は「どちらかといえば」を合わせて「そう思う」が男女ともに9割を超えるスイスを筆頭に男女とも国・地域によって相当ばらつきがあるものの、男女それぞれ21の国・地域で7割以上の人が、仕事は面白いと感じている。他方、日本では男性が43%、女

図7-5　仕事が面白いと思う（そう思う＋どちらかといえば、そう思う）

（単位:%）

	男性
スイス	93
オーストリア	90
ドイツ	86
スロベニア	86
ベネズエラ	86
デンマーク	85
フィリピン	84
ノルウェー	83
スリナム	80
アイスランド	80
スウェーデン	78
スペイン	77
アメリカ	76
ニュージーランド	75
フィンランド	74
イギリス	74
フランス	73
チリ	73
メキシコ	72
台湾	72
イスラエル	71
南アフリカ	67
スロバキア	66
チェコ	64
ジョージア	64
クロアチア	64
エストニア	61
ハンガリー	54
ポーランド	45
日本	43
中国	35

（単位:%）

	女性
スイス	92
ベネズエラ	87
デンマーク	85
ドイツ	84
ノルウェー	84
オーストリア	83
フィリピン	82
フィンランド	82
スウェーデン	81
ニュージーランド	81
スロベニア	80
アメリカ	80
スリナム	79
アイスランド	78
イギリス	78
フランス	78
メキシコ	75
ジョージア	73
台湾	72
チリ	72
スペイン	71
イスラエル	69
スロバキア	65
クロアチア	63
南アフリカ	61
エストニア	60
チェコ	59
ハンガリー	51
日本	50
ポーランド	46
中国	37

出典：ISSP「仕事と生活（職業意識）」調査

性が50％にとどまっており、男女ともに最下位グループにある。

これら3つの調査結果から、筆者がイメージするのは、仕事にストレスを感じ、仕事は苦役と割り切らざるを得ず、社会課題に関心を持つ余裕はないと諦めて、目の前のささやかな満足感を求める日常である。振り返れば、筆者自身が同様の日常を過ごしているとも感じる。しかし、未来の世代は、より悲惨な環境と制約条件のなかで、生き抜いていかなければならない。それをいま、少しでも緩和する手立てを講じておくことができるのだとすれば、こうした日常のモードを変えることを決意しよう。それが「ステークホルダー資本主義2・0」への選択なのである。

「強い経済をつくる」のが目標でもない。「国民の食い扶持をつくる」のが目標でもない。「若者たちが生気と希望を取り戻す世の中をつくる」ことを、ステークホルダー資本主義2・0が標榜するなら、それは政治の目指す目標になると言えるだろう。

こども庁は誰のためにつくるのか

永田町では、2021年に入って、子どもを巡る政策議論が喧しい。自民党の「『こども・若者』輝く未来創造本部」は6月3日、こども庁創設に向け政府への緊急決議をとりまとめた。これまでの少子化対策について「残念ながらその成果が表れているとは言いがたい」として、「子どものための政策のあり方を、抜本的に改革しなければならない」と指摘。各府省で個別に実施している政策がバラバラで、一元的に整理する必要があるとして、総合調整機能をもつ行政組織・こども庁（仮称）を創設し担当大臣を置くことを提言した。公明党も子どもや家庭に関する諸課題を担う首相直属の機関「子ども家庭庁（仮称）」の創設を既に進言している。

立憲民主党は5月31日に「子ども総合基本法案」を国会に提出。その中身は、児童手当の支給を現行の中学生までから高校生までへとする対象世帯の拡大や子育て予算の大幅増額を盛り込んだ。

21年6月18日に閣議決定された「経済財政運営と改革の基本方針２０２１」には、「子どもの視点で、子どもに関する政策を抜本的に見直し、家庭、地域、幼稚園、保育所、学校、地方自治体を始め、親や就労環境など子どもを取り巻くあらゆる環境を視野に入れ、ジェンダーギャップ解消への取組も含め、子どもの命や安全を守る施策を強化する」という一節が入った。「子どもの貧困の解消を目指し、子ども食堂・子ども宅食・フードバンクへの支援、地域における居場所づくり、見守り支援等を推進する。また、学校給食などあらゆる場や機会に応じた食育の充実を図る」との具体的記述も見える。

では、政治は、これまで本書で論じてきたように、現在世代から未来世代へと資源の配分バランスを修正しようと、一歩を踏み出したのだろうか。

こども庁の創設にあたっては、「パンドラの箱を開けることになる」と呟く官僚が少なからずいる。その典型が、所管の異なる幼稚園と保育所の統合を含む省庁再編の問題、いわゆる「幼保一体化」もしくは「幼保一元化」に対する強固な壁の存在だといわれる。幼稚園と保育所は異なる設立経緯をたどってきており、所管庁以外にも、根拠法、想定する保護者像、設備要件を含む設置基準や運営基準、入所選考の仕方、職員の資格、職員の社会保険制度、職員の所属する労働組合、業界団体などがことごとく異なっている。

幼稚園は、就学前に通わせる教育施設であることを強調し、入園の申し込みがあったときには、これを拒んではならないとする応諾義務ならびに授業料を公定で一律に定めることは教育になじまないと主張する。他方、保育所は保育に欠ける児童を収容する児童福祉施設であり、保育所は社会保障のセーフティネットとしての役割をもつと理解されている。

こうした区分を変更したり、統合したりしようとすると、既得権益を守ろうとする動きが、幼稚園側と保育所側のそれぞれから顕在化する。そして、これに各々の所管庁が相乗りするかたちとなる。実は、「幼保一体化」もしくは「幼保一元化」の課題は、25年以上議論が続いている。この間、２００６年に「就学前の子どもに関する教育、保育等の総合的な提供の推進に関する法律」が制定され、認定こども園制度が新設されたが、これは妥協の産物であって、問題の本質的な解決策にはなっていない。認定こども園は内閣府が所管するとしたことから、厚生労働省、文部科学省と合わせて三重行政が出現してしまい、問題の構造をより複雑化させてしまった面も否めないのである。

子どもには、投票権がないと言ってしまえばそれまでであるが、一見「未来世代」のための議論が活性化しているように見えて、実は「現在世代」が既得権益を死守し、パイの取り合いにしのぎを削る現実がある。これではステークホルダー資本主義２・０からは程遠い。

組織には、常に慣性力が働き、それは惰力になる。とりわけ、雇用の流動性の低い日本企業においては、「全ての変化は悪だ」という潜在意識が支配的である。児童福祉や教育の領域においても、同様の指摘はあてはまるだろう。

そもそも、よく政策議論で用いられる「子ども・子育て支援」という用語自体、異なる対象を包含してしまって、それが混乱を生んでいるということに注意を払いたい。子どもを支援するというのは「未来世代」に重点を置くことであるのに対して、「子育て支援」は保護者を含む「現在世代」に重点を置いている。これを一緒にしていては、両者の重点バランスの修正という結果には、決して辿り着けないだろう。

日本では、保護者の立場、教育する側の立場が、子どもの立場に比べて圧倒的に強い。このため「子どもの権利」という概念の普及がなかなか進まない。子どもも大人と同じ独立した人格を持つ権利の主体として捉えるというと、「躾を阻害する」「子どもを甘やかすだけで、子どもの将来のためにならない」「規律ある集団行動の体得という教育の狙いを損ねる」といった声が上がる。まずこうしたところから、空気を変えなければならない。

教育は、親のため、社会のため、国家のために行われるものではない。「集団行動による責任感や連帯感の涵養《かんよう》」を学校が担うという固定観念からは、そろそろ脱却すべきだ。確かに、一定レベルの教養、勤勉さや事務処理能力、集団行動に長けた人材を輩出することが経済発展にも社会基盤の形成のためにも必要な時期が過去にはあった。しかし、それは国家としての近代化や競争力獲得が至上命題とされた時期であって、そうした観念は過去の遺産といえる。

こども庁が担うべきこと

こども庁が担うべきことは、子どもの側に立った権利の擁護と激甚な困難のなかでの「生きる力」を身に付けさせることに他ならない。基本的なスタンスは、次の3つに集約できるはずである。

第1は、「画一性が良きこと」という観念を捨てることである。「○○ちゃんは一人だけ、皆と違う行動をして困るんです」と保護者が呼び出されて、指導を受けるというのは時代遅れである。一人ひとりが違う、意見も違うということを前提に、合意を形成する能力を身に付けることが、子どもたちの将来のために必ず役に立つはずである。それが、世の中の同調圧力や分断を煽る息苦しさを解消する突破口になると信じたい。

第2は、言い古されたことではあるが、知識重視をやめ、体験を通じた感受性を最も尊重する原則に転換することである。「読み書きそろばん」ができて、その結果、労働力を提供できるというだけでは、激甚な困難の時代を「生きる力」にはならない。どんなにささやかであっても構わないので、畑で野菜をつくること、壊れた電気製品を自分の手で修理できること、自分の手で料理をつくることができること、気象災害で被害を受けた家屋に応急手当てができることが「生きる力」になる。これまでなら、こうした能力は専門家に任せて、必要なら購入すればよいというのが常識だった。こうした能力形成は教育の範疇の外に置かれてしまっていた。しかし今後は、自らの生産手段を回復するための機会を提供することに重きを置くべきである。この機会提供は、自然環境との触れ合いという要素が効果を発揮するだろう。さらに、個々人が生産手段を回復させるメリットは、単純なセーフティネットに止まらず、お裾分けや人助けの実践を可能にし、他者との関係づくりに大いに役立つ。個人が孤立しない状況をつくれるのである。

第3は、生まれ育つ環境が子どもの成長に負の影響を与える局面を、できるだけ回避する手はずを講じることである。経済的な格差が一向に縮小しないなかで、保護者の貧困が子どもの貧困として固定化されてしまう事態があちこちで起きている。「貧しさから、満足な教育が受けられない」というのは、何もいまに始まった話ではないという指摘は間違ってはいないが、そうした事態を解消するための社会制度をつくってきたのが近代だったのではないか。

日本では親権が強いと言われることがよくある。民法877条は「直系血族及び兄弟姉妹は、互いに扶養をする義務がある」と定めており、これが「親子の間には互いに扶養義務がある」という一般通念を生んでいる。こうした通念は、家族の絆を形づくるには有効だろう。しかし、子どもが家族に縛られるという現実を覆い隠してしまっているという側面もある。「貧困を理由に、子どもの教育機会を妨げるのは良くない」という考え方をこども庁は基本的スタンスとする必要がある。

これら新しい視点に立った政策展開は、多分に従来の常識や慣性力と軋轢を生じ、進展が阻まれるものになる可能性は大きい。しかし、未来世代と地球環境を最重視するステークホルダー資本主義2・0を展望するのであれば、こども庁は、永田町や霞が関の旧弊に飲み込まれるのではなく、あえて対抗軸を打ち出すことも厭わないダイナミズムを持ったものであってほしい。こども庁が「子どもは未来である」のシンボルとして機能することを期待したい。

第8章　カーボンニュートラルで変わる産業と企業

企業も栄枯盛衰を免れない

およそ35年前、筆者が社会人生活をスタートして最初の師と仰いだのは、当時、技術評論家として数十冊も著書を世に送り出していた牧野昇氏であった。調査と分析に携わる者の基本姿勢を教えていただいた。その牧野氏は講演の上手さでも定評があった。聞く人を全く退屈させない語り口であった。後日、「諸君、落語を聞きなさい」と言われて、その話術に合点がいった。

牧野氏が1985年に著した本に『衰亡と繁栄　企業は〝革新〟をいかに進めるか』がある。[*26] 87年には文庫本にもなった。この本の主題は「国の産業にも衰亡と繁栄がある」ということだった。同書には、次のような一節がある。「非常に明確なことは、物的生産が停滞してくることだ。終戦後の昭和20年に比べ、現在の経済は実質20倍、一人当たりで15倍に拡大している。しかし、15倍になったからといって、戦後一日5杯のご飯を食べていた人が、いま75杯も食べないから、米の消費は15倍にはなっていない」。自分の記憶に残っている牧野氏の講演では、当時、強力だった農協に遠慮したのか、「経済は15倍になったが、自分の前に15個のお茶碗を並べてご飯を食べる人はいない」と陶器メーカーが衰亡産業の象徴として語られていた。いずれにせよ、新米の社会人にとって、「産業界においては、常に衰亡と繁栄が背中合わせになっている」「栄枯盛衰。会社にも盛りの時期というものがある」と牧野氏が断言されるのは、実に新鮮だった。

おりしも『日経ビジネス』が「企業の寿命は30年である」という仮説を提起し、関心を集めていた。これは1896（明治29）年から1982（昭和57）年までのあいだに、総資産総額上位100社に登場した延べ413社を調べたところ、約30年で、上位100社から消えた企業は309社であったとする調査結果から導かれるものだ。全体の8割弱の企業が30年以内にビッグビジネス100社の座から転落しているとわかったのである。

以来35年を超える時間が経過したことになるのだが、自分のなかでは、牧野氏の教えと現実の経済もしくは現実の企業経営とのギャップ感が常に続いてきた。衰亡と繁栄、栄枯盛衰は必定とされるのに、なぜ「経済成長」「企業価値の増大」「ゴーイングコンサーン」「継続企業」という前提だけが語られるのだろうか。

個体としての人間は、必ず死を迎える。生者必滅の理ほど、真理かつ平等なものはない。仮に個体としての死を乗り越えられるものがあるとすれば、それは情念だけである。そし

＊26　牧野昇『衰亡と繁栄　企業は〝革新〟をいかに進めるか』講談社、1985年11月

て、それ故に、生を輝かせることができると教えられる。室町時代、一休禅師は髑髏《しゃれこうべ》を竹の先につけ、正月元日の朝、京都の家々の玄関口にそれをさし入れては、「ご用心、ご用心」といって歩いたという。この一休禅師の話自体の真偽のほどは定かではないが、(吉田)兼好法師が著した『徒然草』に出てくる「人皆生を楽しまざるは、死を恐れざる故なり」という思考は、経済もしくは企業経営の議論になったとたん皆無に近いのはなぜなのだろうか。

「日本はイケイケドンドンは得意だけど、戦時でも平時でも退却することができない」という指摘がある。日本企業の経営でも同じようなところがある。

全ての産業、全ての企業に存在意義があると発言するのが、日本のビジネスマナーのようだ。「全ての命に存在意義がある」という感覚を経済活動にも拡張したいという願望が、筆者にもないわけではないが、そのことが逆に見通しを曇らせ、行動を遅くすることもあるのではないか。

日本とは対照的な欧州グリーン・ディール

いま日本では、2050年カーボンニュートラル(仮に大気中への温室効果ガス排出があったとしても、その量から植物の生育などによる吸収量と地中貯留などによる除去量を差し引いて合計をゼロにすること）宣言で上を下への大騒ぎが生じている。ただ、焦点がエネルギー転換のところに絞り込まれ過ぎている。化石燃料を何とか原子力や再生可能エネルギーに置き換えることができるのなら、あるいは排出された温室効果ガスを地中などに貯留することが可能になれば、30年後もいまと同じような経済活動を続けることができるという期待が暗黙の前提をつくってしまっている。

対照的なのが欧州グリーン・ディールだ。欧州委員会は、それを「EUを50年に温室効果ガスの正味排出量がなく、経済成長が資源の使用から切り離された、時代に即した資源効率の高い、競争力のある経済と公正で繁栄した社会へと変革していくことを目指した新たな成長戦略です」と規定している。特に注目したいのは「資源の使用から切り離された」としている部分で、資本主義の非物質化が明確に視野に入っている。さらに「自然の生態系の保護と復元に与えられる価値を高め、資源の持続可能な利用と人間の健康を改善することが不可欠で、そのためにも経済には、全く姿を変えるほどの変容が最も必要とされる」とも述べている。

経済構造の転換を前提としているため、衰退産業や雇用縮小の発生を前提に配慮も怠らない。このため、欧州グリーン・ディールには「欧州委員会は、誰もとり残さないために、公正な移行基金を含む公正な移行メカニズムを提案する」と明記している。脱炭素と非物質化を進めていく政策で、衰退する産業も生まれる。だが、割を食う人たちに、十分な支援を行うことを約束しているのである。

カーボンニュートラルで生まれる企業部門のダイナミズム

2050年カーボンニュートラルに向けては、実は4つの道筋がある。第1は、「国の産業構造において炭素集約型産業から炭素非集約型産業への移行を進める」、第2は「ある産業セクターに属する企業が炭素利益率の低い製品ジャンルから高い製品ジャンルに事業構成比率を変えていく」、第3が「生産活動と消費活動において省エネの徹底を図る」、第4が「それでも残される需要に応え、脱炭素と呼べるエネルギーを供給する」である。

これを企業の目線で言い換えるなら、第1は、「炭素非集約型産業へと業種転換を図る、もしくは事業ポートフォリオを炭素非集約型産業中心に変える」、第2は「炭素利益率が高い製品が中心となるよう製品構成比率を変えていく」、第3が「バリューチェーン全体で負荷が最小化するようビジネスモデルを新たにする」、第4が「脱炭素と呼べるエネル

ギー を使用する」である。これらの経路は互いを排除するものではなく、並行して前進することも十分可能だ。ただ、前節で指摘したかったのは、第4の経路にのみ日本では関心が集中してしまっており、「経済には、全く姿を変えるほどの変容が最も必要」という本質が、どこか置き去りにされているような思いがある。

2019年5月、米国ニューヨークのナスダック市場にひとつの会社が新規上場を果たした。その名前は、「ビヨンド・ミート」。09年にカリフォルニア州で設立され、主原料に植物だけを使用して「本物の肉と全く同じ味の食品」の供給を行う企業である。上場から3週間あまりを経過して、株価は公開価格の約3倍。19年の最も優れた公開事例のひとつだと評価された。

主力製品は、ハンバーガー用パティやソーセージで、北米と英国などのスーパーマーケットやファストフードチェーンに製品を提供する。18年の年間売上高は約8800万ドルに過ぎなかったものが、19年は約3億ドルに伸長（前年比239％の伸び）、さらに20年は新型コロナウイルス感染症が米国ならびに世界で猛威を振るったにもかかわらず約4億700万ドルまで成長を継続（前年比36・6％の伸び）している。

年間売上高自体はおよそ4億ドルで、まだまだ小粒の企業がこれだけ注目されるのには、マイクロソフトの創業者であるビル・ゲイツ氏が大株主であること以上に、代用肉市場の潜在的な伸びがあることは間違いない。過去の予測では向こう10年で、代用肉市場は世界で1400億ドルの規模となり、食肉市場全体の約1割を占めるとされていたが、現実はより早く動いているように見える。

こうした成長の背景には、肥満などを嫌う消費者の健康志向の高まりがあるが、もうひとつ見逃せないのは、従来の畜産業が抱える環境・エネルギー側面での負荷の大きさだ。2018年9月にミシガン大学から公表されたビヨンド・ミートのハンバーガーと従来の4分の1ポンドのアメリカン・ビーフのハンバーガーとを比較したライフ・サイクル・アセスメント（製造から消費、廃棄までの負荷量の測定・評価）の結果は興味深い。

ビヨンド・ミートのハンバーガーなら、エネルギー消費は46％削減、温室効果ガス排出は90％削減、土地利用では93％削減、水資源に至っては99％削減できるとの報告がなされている。これまでも、同じカロリー消費やタンパク質消費を考えた場合に、動物由来の食品が植物由来の食品に対して、大きな環境・エネルギー負荷を有することは指摘がなされてきた。飼料効率（飼料100グラムによって肉が何グラム増重したかの値）が1にはならないことを考えれば当然といえ、さらに畜産経営ではメタンと亜酸化窒素の排出が不可避だからだ。プリンストン大学のサーチンガー客員研究員らのグループは、牛を代表とする反芻動物の食肉消費が２０１０年から50年までのあいだに88％も増加することに警鐘を鳴らし、世界の約20％の人口を占める肉食依存の消費者が50年までにその平均消費量を４割減らすべきことを提唱している。

２０２１年2月25日、ビヨンド・ミートは、マクドナルドとの3年間のグローバル戦略に関する契約締結を発表した。これによりビヨンド・ミートは、マクドナルドが試行的に投入している植物ベースのハンバーガーのパティの優先サプライヤーになる。さらに、鶏肉、豚肉、卵といったジャンルで植物ベースの代替食材を提供し、メニューの共同開発も検討するという。

こうした動きを大手畜産企業が先行しようとしても、ことは簡単には進まないだろう。既存事業との競合が社内で生まれてしまうからだ。しかし、炭素非集約型産業には大義がある。政府も消費者も支持するだろうし、それで成長がハッキリすれば投資家も支持することになる。もちろん既存産業の側にも、最後までマーケットに留まって残存者利益で存続しようという企業が現れてもおかしくはない。それもひとつの企業戦略である。

他方で、既存産業の側にある企業には、炭素非集約型産業側の新興企業を買収する戦略もあるだろう。さらには、炭素非集約型産業の側で新たな起業を仕掛ける戦略もあるだろう。いずれにせよ、世界の2050年カーボンニュートラル宣言がもたらす産業の栄枯盛衰のダイナミズムとはこうしたイメージのものである。

カーボンニュートラルに向けた企業の戦略的行動

「炭素利益率が高い製品が中心となるよう製品構成比率を変えていく」の好例は、化学工業にある。化学工業は素材産業の代表的なものであり、化学反応を利用して製造を行う産業だといえる。この化学工業という単位を大分類とおくと、その下に化学肥料製造業や油脂加工製品・石けん・合成洗剤・界面活性剤・塗料製造業などの中分類がある。個別製品の種類に近づくほど、分類は細かくなる。ここで、中分類程度の細かさで、炭素利益率が最も高い製品は、医薬品だといえるだろう。化学工業のなかで、素材から機能材料や医薬品に製品構成が変わっていくのに伴って、デカップリング(経済活動の成果と環境負荷が比例関係でなくなること)が進む。これも、カーボンニュートラルに向けた企業の戦略的行動だと言える。

米国では、2020年9月21日、世界最大のスーパーマーケットチェーンであるウォルマートが「修復・再生企業（a regenerative company）になる」という宣言を発表した。「2040年までに温室効果ガスの排出をゼロにする」というのが、今回掲げられた大きなメッセージだ。米国で新型コロナウイルス感染症による死者が20万人に迫る状況下で、①自社施設で使う電力を35年までに100％再生可能エネルギーにする、②長距離トラックを含む自社保有車両の電動化とゼロエミ（排出ゼロ）化を40年までに達成する、③40年までに全ての店舗や配送センター、データセンターでの冷熱機器を低負荷なものに転換する、という長期目標を敢えて発表したのだった。排出した分を別の吸収源で相殺するオフセットを活用せず、目標達成を目指すとしているところに、同社の意気込みがうかがえる。

加えて、「2030年までに少なくとも5000万エーカーの陸地と100万平方マイルの海洋で適正な管理と保全が行われるようにする」というメッセージも並列で掲げられた。この面積は、陸地が北海道の約2・4倍、海洋がフランスの約4・8倍にあたる。この規模で自然生息地保全、調和型農業、持続可能な漁業管理、森林保護・保全を実践し、自然生態系を保護する努力のもとで原料調達を行うサプライヤーと協力していくと明言した。傷つけられ、回復が望めなくなる直前の自然資本に、急ぎ手を差しのべ、致命的な毀損を回避し、その生産力に見合ったスピードでビジネスを進めていくというビジョンが、今回の「修復・再生企業」という名前には込められているといってよい。

ウォルマートは、既に2019年2月、プライベートブランド（PB）商品での、プラスチック包装・容器削減の行動計画を発表している。2025年までにプラスチック包装・容器を100％リサイクル可能、再利用可能、堆肥化可能なものに切り替えるというのがその柱だ。生鮮食品などでもプラスチック包装・容器の削減に取り組んでおり、例えば精肉販売ではトレイを使わず、真空パッケージ包装をする「ノントレイ商品」の販売を拡大している。

企業のなかでは、「変化」「変革」という言葉が常に叫ばれ続ける。筆者自身、この35年間を振り返っても、常にそうだった。しかし、「変化」「変革」が叫ばれ続けるというのは、逆にいえば、いつまでも「変化」「変革」が実現しないからなのかもしれない。組織には、常に慣性力が働く。正確には惰力と言ったほうが適切だろう。とりわけ、雇用の流動性の低い日本企業においては、「全ての変化は悪だ」という潜在意識が支配的であることは既に述べた。経営者が連呼する「変化」「変革」も、いつの間にか当たり前の空気として、建前に過ぎないものになってしまった。

しかし、今度ばかりは、事情が異なるかもしれない。「経済には、全く姿を変えるほどの変容が最も必要とされる」ということを深く理解し、ビジネスのモデル、ドメイン、パーパス（存在理由）を入れ替えることのできる経営者のみが、企業を継続させることができると予感する。

カーボンプライシングを恐れるな

気候危機の拡大に何とかブレーキをかけることは、緊急の政治アジェンダである。日本も２０５０年までの国内温室効果ガス排出実質ゼロ（カーボンニュートラル）を宣言したのだから、既に手は打ったという指摘もあるかもしれない。しかし、宣言を行うことと気候危機を回避することのあいだには、まだまだ詰めていかなければならない事柄が数えきれないほどある。

そもそも、既に世界では１２０以上の国と地域が「２０５０年実質ゼロ」を掲げており、国際的にはカーボンニュートラルがスタンダードになっていたのである。他方で、20年の世界のCO_2排出量は19年より減ることが見込まれているが、その削減率は８％程度と言われている。コロナ禍で経済活動が大幅に停滞してもCO_2排出削減率が１割に満たなかった、という事実は、50年にカーボンニュートラルを実現することがいかに高い目標であるかを示している。

温室効果ガス排出を抑制するための政策手段として、「カーボンプライシング」がある。具体的には、ガソリン、軽油、石炭、重油、天然ガス、都市ガス等の化石燃料と電気の消費に課す租税である炭素税と、温室効果ガスの排出枠を排出主体に割り当てる排出量取引制度が主要な実現形態である。もともと、炭素税は課税による外部不経済を市場内部へ取り込むというピグー税（租税政策手段）をベースに構想されている。

カーボンプライシングという政策手段は市場経済の発展のなかで有害物質が許容範囲を超えて排出されるという「市場の失敗」に対して、その排出を抑制するために形成される公的な仕組みを許容する。また、同時にその公的な仕組みのなかに市場メカニズムを巧みに取り入れて、排出抑制を効率的に実現することを目指す仕組みとして確立してきたと言える。

世界銀行が発行した“State and Trends of Carbon Pricing 2020”によれば、2019年末に世界では実施中もしくは計画中のカーボンプライシング制度の事例が61（炭素税が30、排出量取引制度が31）あり、それは46の国と32の自治体等に及んでいる。制度によってカバーされている温室効果ガス排出量は世界全体の約22％にあたる120億炭素トンに達する。

また、炭素税による税収はおよそ5兆円に換算される額だと報告されている。[*27]

ところが、日本では反対意見が根強い。産業界は「カーボンプライシングを考えるに当たってはカーボンリーケージ（コスト負担を懸念して生産拠点が海外に移転してしまうこと）や国際競争力、経済への影響の精査が不可欠である。各国の国際競争力に影響を与える要素は多岐にわたるが、政府の人為的な介入によってカーボンプライシングを導入または引き上げる場合、他国との負担度合いの比較、自国の国際競争力や経済に与える影響を十分に検討することは政府の当然の責務である」という主張を長年続けている。[*28]

しかし、ステークホルダー資本主義2・0が、地球環境や未来世代という実際には声を上げられない主体を企業のステークホルダーに位置付けるのであれば、そのスチュワード（代理人）として政府がある程度、企業経営に介入することは是認されてよい。その象徴

＊27 “World Bank. 2020. State and Trends of Carbon Pricing 2020. Washington, DC: World Bank. © World Bank. https://openknowledge.worldbank.org/handle/10986/33809 License: CC BY 3.0 IGO”

＊28 21世紀政策研究所「カーボンプライシングに関する諸論点」２０１７年9月

が「カーボンプライシング」だと言えよう。

日本国内で、「カーボンプライシング」がどれだけ難航しようとも、世界ではその動きが着々と進んでいくことになろう。目下、注目されるのは「国境炭素調整」がどのように現実のものになるかである。国境炭素調整とは、気候変動対策をとる国が、同対策の不十分な国からの輸入品に対し、水際で炭素課金を行うことを指す。EUは国境炭素調整を「30年55%減・50年カーボンニュートラル」の政策メニューに明確に位置付け、21年7月に炭素国境調整メカニズムに関する規則案を公表している。バイデン米大統領も、選挙公約（19年6月）において「国内の汚染者に炭素汚染の全コストを負わせる際に、気候・環境に関する義務を満たしていない国からの炭素集約度の高い輸入品に対し、炭素調整費や炭素調整割当を課す。これにより、米国の労働者・雇用主が国際競争上の悪影響を受けないようにできる。同時に他国に対して気候変動対策の野心度を高めるように奨励できる」と書き込んでいる。

2000年になって最初の10年の前半に、筆者は英国で環境・食糧・農村地域省を訪問してインタビュー調査を行ったことがある。そのとき「個人排出量取引」という政策構想を聞いて、驚愕した。温室効果ガスの排出枠を個々人に割り当て、余らせた人と足りない人が枠を売買するかたちで環境対策と経済活動を両立させるというアイデアだった。

当時は、技術的にできっこないと判断したが、20年を経て、電子商取引やブロックチェーン技術がここまで進展してくると、個人が購入する全ての物やサービスにカーボンフットプリントを紐づけて、その累積量を計算することも現実味を帯びている。いずれスーパーの棚には値札とともにカーボンフットプリントが表示されるようになるだろう。個人の買い物がそんな風に制約されることを嫌がるのは高齢者だけになるかもしれない。最近、マクロン仏大統領が英国の新聞のインタビューに応じ「コロナ禍に際して、生命を救うため(都市封鎖のような)広範囲で遠慮会釈ない選択をためらう者はいなかった。気候危機も同じだ」と答えたのは、意味深い出来事だった。

第9章

「ステークホルダー資本主義2・0」における政治・政策

地歩を固める欧州の環境政党

1970年代前半から主として西側先進国のさまざまな地域で、環境保護活動を展開する市民運動が政党を組織する傾向が出てきた。それら政党の党勢拡大過程では、環境保護だけでなく、社会正義、参加型合意形成、非暴力、多様性尊重といった主張を包含することが一般的で、経済政策としては社会民主主義に類似の考え方を取ることが多かった。「グリーン」という名前を使用した最初の政党は、1977年9月1日に設立されたドイツ・ニーダーザクセン州のGrüne Liste Umweltschutz（環境保護のためのグリーンリスト）だというのが通説であるが、今日では「環境保護」を政策優先順位トップに掲げる政党を環境政党と呼ぶ。そして、多くの国で環境政党が「緑の党」という呼称を採用している。

70〜80年代に重視された環境問題は、森林破壊、大気・水・土壌汚染、放射能被害、化学物質汚染のように目の前にある懸念だった。それが90年以降になると、気候変動、生物多様性減少など、未来に向けて視野を拡張させている。

2021年3月14日に実施されたドイツのふたつの州での議会選挙では、バーデン・ビュルテンベルク州において緑の党が16年の前回選挙を2・3ポイント上回る32・6％の票を集め、第1党の座を維持した。もうひとつのラインラント・プファルツ州でも、得票率は5・3%から9・3%に拡大、第5党の地位から第3党に躍進した。

2021年9月26日に実施されたドイツ連邦議会総選挙では、総投票数のうちドイツ社会民主党（SPD）が25・7%、キリスト教民主・社会同盟（CDU／CSU）が24・1%、同盟90／緑の党が14・8%を占めた。獲得投票数で過半数に達した政党が存在しなかったため、現在、政権樹立に向けた連立協議が続けられているが、緑の党が連立政権の一角を占める可能性は極めて高い。17年9月に行われた前回の総選挙で、CDU／CSUが32・9%、SPDが20・5%、緑の党が8・9%だったことと比較すると、変化は明らかである。

ドイツは、16の州からなる連邦国家であるが、このうち11の州で既に緑の党は与党の一角を占める存在となっている。党員数と組織力も大きくなっており、党員数は史上初めて10万人を超えたと伝えられる。こうした事情は、ドイツだけのものではない。他のEU諸国でも概して緑の党の支持は堅調だ。まだ、単独与党となった国はないものの、アイルランド、オーストリア、フィンランド、スウェーデン、ルクセンブルクに続き、2020年9月にベルギーで、緑の党は連立政権に参加、6カ国目の政権与党となった。20年6月のフランス統一地方選の決選投票でも躍進したのは環境政党「ヨーロッパ エコロジー・緑の党」で、9月のフランス上院議員選挙（172議席が改選）でも同党は6議席を獲得、上院で議員団を結成できる10議席に達した。

EUは、世界の脱炭素戦略の先頭を走る存在である。欧州委員会の掲げる欧州グリーン・ディールも、こうした世論の変化を敏感に反映したものであることを理解する必要がある。2019年5月の欧州議会選挙（28の加盟国から直接選挙で選出）で、緑の党・欧州自由連合は22議席増やした。7月のフォンデアライエン欧州委員長の選出では、その手続き論に異議を唱え賛成に回らなかったが、就任が決まると選出を祝福し実質的に協力するとの立場を明らかにした。

その後、20年1月の欧州議会での欧州グリーン・ディールの審議では、欧州気候法の制定を強く求めた。10月の欧州議会における同法の審議で、30年の温室効果ガス削減目標を現行40%削減（1990年比）から60%に引き上げる案について賛成352票、反対326票、棄権18票という僅差で可決となったのも緑の党・欧州自由連合の影響力によるものだと言われている。

近年の緑の党の傾向

緑の党などの環境政党に対しては、左翼的、急進的、環境原理主義といった極端な主張を掲げる政党というイメージが日本では根強いが、欧州では社会運動から既成政党へと時間を経るにしたがって、現実的な政策を包含する傾向も強まっている。最近、最も注目を集めたのは、20年1月にオーストリアにおいて、中道右派の国民党と緑の党が最終的に連立政権樹立に合意した出来事だった。政策合意では、学校における14歳以下の少女のスカーフ着用を禁止したり、証拠が不十分でも「安全保障の観点からの脅威」と見做される人物を警察が取り締まれたりするなどの内容を盛り込んだ。緑の党としては、こうした移民規制強化を容認する一方で、40年までのカーボンニュートラル、30年までの100％再生可能資源からの電力生産、国内公共交通の料金優遇、航空券税導入と自動車税増税を国民党に認めさせたのだった。自然や郷土を未来世代に引き継ぐこと、浪費をせず慎ましいライフスタイルを実践することは、保守主義との親和性が高いという指摘もある。

環境政党は、経済活動を否定するという見方も正確なものではない。2019年9月にドイツで行われた世論調査（1067人の有効回答）では、確かに、緑の党支持者の86％が「気候保護を経済発展より優先すべきだ」と回答しているという事実があるが、回答者全体で63％が同様の回答をしており、極右政党「ドイツのための選択肢」の支持者を除けば、どの政党支持者でも半数以上が同様の回答を行っている。実際にも、欧州議会の緑の党・欧州自由連合は、「2030年までの排出削減目標を60%に引き上げることで、欧州全体で1・8%の経済成長がもたらされ、100万人の雇用が創出される」との見解を取っている。

日本における環境政党の可能性

翻って日本の現状はどうであろうか。環境政党が影響を発揮する規模の議席を獲得することは困難というのが従来の永田町の常識だった。しかし、2050年カーボンニュートラルを目指すとの目標が示され、パリ協定に定める目標を踏まえ50年までの脱炭素社会の実現が法律に明記された今、既成政党を再編するかたちで環境政党を創出する余地はあるのではないだろうか。

例えば現状では、与野党を問わず、議員各々の意見としては原子力発電に対する賛否はまちまちだと言ってよい。2050年カーボンニュートラルを単に目標として掲げるだけではなく、仮に不確かであっても、そこへの道筋を明らかにするのも政治の責任であろう。産業社会を存立基盤としているのは保守政党も革新政党も同じで、それを超越したところに環境主義は位置するという仮説がある。21年の総選挙では、争点には至らないとしても、ステークホルダー資本主義2・0の実現に向けて、日本でも環境政党の確立は避けては通れないプロセスだといえるだろう。

消えた首都機能移転構想

気候変動に加えて、ヒートアイランド現象の影響で、東京や大阪の都市部の夏のあいだの気温は異常な状況が続いている。東京都監察医務院の調べでは、2020年（6月から9月）の東京23区内の熱中症死亡者数は200人に上った（速報値）。これは16年からの5年間で最も多い。監察医務院は、死因がわからず急に亡くなられた方や事故などで亡くなられた方の死因を明らかにする機関であり、医療機関で亡くなるケースを含めれば、数はさらに大きくなるだろう。

また、新型コロナウイルス感染症の蔓延は、大都市部において密にならない生活を送ることの難しさを私たちに思い知らせることになった。人の密集する大都市は、快適で効率性に優れていると考えられてきたが、もはやそうした評価は通用しなくなってきている。

若い世代の人たちには記憶がないかもしれないが、かつて「首都機能移転」という議論があった。いまから約30年前の1990年、衆参両院で「国会等の移転に関する決議」が議決され、92年には「国会等の移転に関する法律」が制定された。この法律に基づき候補地の選定などの準備作業が実際に行われ、99年には移転先候補地として①栃木・福島地域、②岐阜・愛知地域、移転先候補地となる可能性がある地域として③三重・畿央地域という3地域が選定された。実際の誘致合戦も当初は具体化した。

しかし、議論は急速に萎んでいった。その理由は、必ずしもハッキリしてはいない。バブル崩壊で東京の地価が下落して、さらにそれに追い打ちをかけるのは拙いという判断が働いたとも言われる。東京都知事が絶対反対を表明、2001年に誕生した小泉純一郎政権も、首都機能移転凍結の方針転換を行う。

他にも、首都機能が動いても企業が本社を置く動機には大きな影響力を及ぼさない、自然災害に対するリスクの存在は候補地でも変わりはない、国事行為との整合性が取れないなどの反対論も噴出した。03年には、衆参両院が事実上の凍結宣言となる報告書を出し、以降、国政でこの議論が俎上に載せられることはなくなった。国会議員も首都機能移転についての言及を避けるようになった。

都市化と人口集中から脱却する政策

２０００年には、ざっと１２００万人と言われていた東京都の人口は、コロナ禍のなか20年5月1日時点の推計で初めて１４００万人を突破した。20年のあいだに、２００万人増えた計算になる。ちなみに日本全体の人口は、08年の1億２８０８万人をピークに減少に転じている。これからも、日本の東京一極集中は果たして継続しつづけるのだろうか？

わずかに変化の兆しもある。まず、企業が東京以外の場所に本社機能を移転させるという動きだ。株式会社パソナグループは、働く人々の「真に豊かな生き方・働き方」の実現と、グループ全体のＢＣＰ（事業継続計画）対策の一環として、東京の本部で行ってきた人事・財務経理・経営企画・新規事業開発・グローバル・ＩＴ／ＤＸ等の本社機能業務を、兵庫県淡路島の拠点に分散し、段階的に移転を開始することを20年9月に発表した。新聞報道によると24年にかけて本社機能社員約１８００人のうち約１２００人が淡路島に移るという。

コンピューターシステムの運営と管理、ソフトウェア開発などを手がける社員数約１４００人の株式会社インフォメーション・ディベロップメントも、リモート（遠隔）でもできる営業や購買の事務・総務業務などを東京から鳥取県米子に移すという。これらの取り組みで地元からの雇用を中心に今後5年間で約40人を増やす予定だと報じられている。鳥取県は、事業所と設備の賃借料に対して5年間、年間1000万円を上限に2分の1を補助する方針だという。さらに、2021年度には、鳥取県内に移転する県外企業に対し、既存の企業立地補助金に最大5000万円を特別加算する事業を創設。県は県外からの投資や人材流入の呼び水にしたい考えで、一般会計当初予算案に事業費1億円を盛り込んだ。

経団連が20年8月〜10月の期間に、東京都に本社を置く会員企業を対象に調査した結果によれば、本社機能の全部か一部の移転を「実施中」「検討中」「今後検討する可能性がある」とする企業は、有効回答全体の22・6%(29社)を占めたという。これは、5年前の同様の調査と比べ約3倍に増えているということだ。

働く側も、東京を脱出する傾向が表れている。総務省の2020年の住民基本台帳の人口移動報告(21年1月29日)によると、東京都からの転出者数が20年の1年間で計40万1805人と前年比4・7%増え、14年以降で最大になったという。東京都の人口が1400万人を超えたと推計された20年5月に、比較可能な13年7月以降で初めて転出が転入を上回ったというのは皮肉な出来事である。その後、コロナ禍が終息しない状況で、7月〜12月も転出の方が多い傾向が続いた。もちろん、東京から出て行く人を受け入れているのは、現状では近隣の県に過ぎず、真の意味での分散的国土形成への転換につながっていないことも事実ではある。神奈川県や千葉県が主要な受け皿で、北関東3県や長野、山梨などで転出超過数が縮小しているというインパクトに止まる。

今回のコロナ禍で、これだけビデオ会議が普及し、その有効性が認識され、他方で東京への密集の弊害が指摘されているのだから、首都機能移転もしくは首都機能分散の議論を再開させ、本格的に地方創生を目指して、東京の人口抑制と地方への人口誘導を真正面から推進してはどうだろうか。もちろん、これまでと同様に、東京一極集中を前提として、その国際競争力から経済を牽引して、シャワー効果のように地方に富を分配するという政策も選択肢ではある。しかし、「経済は全てを癒やす」「経済成長は常に目指すべきこと」という言説を相対化する政策に舵を切るなら、首都機能移転もしくは首都機能分散の議論を突破口に、分散的国土形成を国家目標とすることは、経済成長のスピードが鈍ることの副反応を緩和する観点から有効だろう。

具体的には、例えば、安全・安心、ゆとり、兼業といったものが手に入りやすくなるからである。このことは、「地球環境」と「未来世代」をステークホルダーに近づける「ステークホルダー資本主義2・0」への、わが国においての大きな足掛かりにもなると考えられる。

消費と貯蓄を考える

ステークホルダー資本主義2・0という考え方を浸透させていくためには、消費と貯蓄に対する理解も変わる必要がある。高橋是清（1854〜1936年）の『随想録』（36年）では、「仮にある人が待合《まちあい》へ行って、芸者を招《よ》んだり、贅沢な料理を食べたりして二千円を費消したとする。（中略）料理代となった部分は料理人等の給料の一部分となり、また料理に使われた魚類、肉類、野菜類、調味品等の代価及びそれ等の運搬費並びに商人の稼ぎ料として支払われる。（中略）芸者代として支払われた金は、その一部は芸者の手に渡って、食料、納税、衣服、化粧品、その他の代償として支出せられる。（中略）二千円を節約したとすれば、この人個人にとっては二千円の貯蓄が出来、銀行の預金が増えるであろうが、その金の効果は二千円を出ない。しかるに、この人が待合で使ったとすれば、その金は転々して、農、工、商、漁業者等の手に移り、それがまた諸般産業の上に、二十倍にも、三十倍にもなって働く」という話が出てくる。[*29]

しかし、この話を本書の提案する「ステークホルダー資本主義2・0」の考え方から見直すと、3つのポイントが炙り出される。第1は、ある人が待合に行って2000円を費消するのは正しいかということである。当時は人権も環境保護も問題にならなかったから、何でも費消すればよかったのだろうが、いまの時代であればその消費が社会問題や環境問題に加担したり問題を固定化するものでないかが問われなければならない。

第2には、貯蓄より費消に回すことを常に正しいと言えるかということである。高橋が貯蓄をタンス預金と考えていたのなら別だが、通常なら貯蓄となった金は投融資というかたちで、誰かの消費や現物資産の獲得のために働く。いまの時代であれば、むしろ積極的に費消より貯蓄へ回して、その金を子どもたちの教育支出や自然環境保護のための土地取得に充てることを奨励したほうが良いかもしれない。

そして、最後に、この待合に行ったという最初の登場人物が手にしていたもともとのお金は、どういう背景で稼ぎ出されたものかも問われなければならない。窃盗によって手にした金というのは論外だが、いまの時代であれば不当に安い労働力を使って生み出した利益ではないのか、本来はコストを支払わなければならない自然資本をタダ同然で使って生

＊29　高橋是清『随想録』中央公論新社、2018年4月

み出した利益ではないのかが問われなければならない。

この貯蓄と費消に関する優先順位の問題は、やや複雑である。まず、金利、利子率の問題に注目してみよう。この例で待合に行った人にとって、金利が高ければ芸者を呼んだり、贅沢な料理を食べたりすることを我慢してでも貯蓄に回したいとするインセンティブが働くだろう。したがって、高金利は「未来世代志向」と「地球環境保全」に有利に働くように見える。ただ反対側で、例えば貯蓄されたお金が貸し付けられている人たちにとっては、金利が高ければ借金を返すために、いままで以上に遮二無二働かなければならない状況が強いられる。金利が高くなれば浪費や刹那的消費は抑制されるけれども、借金を負う人々には、今日・明日のことを考えるので精いっぱいとなり、未来や地球に思いを馳せる余裕がなくなる。この矛盾は小さくない。

こうした金融における時間の問題に、とりわけ強い関心を示したのが、ミヒャエル・エンデ氏だった。1973年に刊行された『モモ』では、「時間貯蓄銀行」と称する人々から盗んだ時間によって生きる灰色の男たちが登場する。例えば、この男たちは、床屋のフージー氏のところにきて、「仕事には毎日どのくらい時間が必要ですか」と聞く。フージー氏は「だいたい8時間」と答える。すると「仕事をさっさとやって、よけいなことはやめちまうんですよ。ひとりのお客に半時間もかけないで、15分ですます。むだなおしゃべりはやめる」よう諭す。そして「倹約した時間を時間貯蓄銀行に貯蓄してください」と勧誘する。フージー氏は、売り上げも伸びて金持ちになるが、せかせかして怒りっぽくなってしまう。モモとその友だちは、この時間貯蓄銀行によって大人に余裕がなくなっていることに気づき警鐘を鳴らすが、当の大人たちは、聞く耳を持たないという話が出てくる。これは、借金を返すために、いままで以上に遮二無二働かなければならない状況のメタファーに違いない。エンデ氏は、金利や利子というものに否定的だった。もっと言えば「利が利を生むことをもって至上とするマネー」に懐疑心を有していた。

先にも触れたが、エンデ氏が1989年3月に来日した際に、井上ひさし氏、安野光雅氏、そして河合隼雄氏という3人の日本人と行った対談の記録が『三つの鏡』という書籍に纏められている。ここでエンデ氏は「では、どういうふうにお金のあり方を変えたらいいかに関して、実際にいくつかの提案もなされています。特に二人の名前を挙げたいんですが」と前置きして、シルヴィオ・ゲゼル氏とルドルフ・シュタイナー氏に言及する。

ドイツの実業家で経済学者のゲゼル氏は「1カ月に額面の1％にあたる費用を負担しないと使用できなくなる貨幣（時間とともに価値が減る貨幣）」を考案した。また、ドイツの哲学者・教育家として知られるシュタイナー氏は「お金に25年程度の期限を設け、決済・融資・贈与の領域で、お金に価値の高低をつける貨幣（老化する貨幣）」を提案した人物である。

価値が減る貨幣もしくは老化する貨幣が実現するなら、人々は手にしたお金をできるだけ早く、物やサービスに換えてしまうだろう。貯蓄などしなくなり、いますぐ消費して効用を得られる物やサービスに使うか、交換価値のあるもの、もしくは耐久期間の長い、長持ちするものを購入するだろう。通説では、金利が高ければ、経済活動にはブレーキとなり、資源エネルギー消費も抑制されるはずだ。環境負荷も下がって、資産が次世代に継承されやすくなる気もする。他方で、奨学金を抱える学生は一層、首が回らなくなるだろう。利子というものが「ステークホルダー資本主義2・0」において、どのような役割を演じるのかは、もう少し時間をかけて検討する必要がある。

第10章
金融と「ステークホルダー資本主義2・0」を整合させる

あえて「金融」の新たな萌芽に期待する

本書ではここまで、「経済は全てを癒やす」論を相対化することが、閉塞感突破の鍵ではないか、株主至上主義を是正するステークホルダー資本主義が、さらに「地球環境」と「未来世代」を明確に視野に入れることで新たな資本主義の姿が見えてくるのではないか、そうした移行にあたって政治家、官僚、経営者に目標としてほしいことは何か、といったことごとについて論じてきた。

しかし、どうすれば、移行のエンジンが起動するのか、それは政治家、官僚、経営者の善意に期待するしかないのであろうか。最後は「技術革新」に期待するしかないという意見を持つ同僚も筆者の周りには多い。また、個々人の理性、自己抑制、共助精神に裏付けられた社会運動、例えばワーカーズ・コープ（労働者協同組合）のような主体を中心とする「社会連帯経済」の構築が切り札だとする処方箋に、多くの支持が集まっているという現状もある。

ただ、筆者は「金融」の新たな萌芽に期待を抱いている。「金融だって？　馬鹿な事を言うな。金融こそが強欲な資本主義の増幅装置であり、そのシンボルではないのか」という反論は当然だろう。シェークスピア（1564～1616年）の『ベニスの商人』は、時代と場所を問わず「商売としてお金を貸す人は嫌われる」という普遍の真理を描いた。金融業界関係者には「どうせ金貸しは嫌われる」と諦念している人も少なくない。

しかし、まずはミヒャエル・エンデ氏の思索に戻りたい。前述の『三つの鏡』という書籍には、次のようなエンデ氏の発言が収められている。「個々の人びとにお説教をして、『もうちょっと慎ましい生活をしましょう』なんて言ってみても功を奏するようなものではない。もし明日ないし来年に、これまでの半分の人しか車を買わない事態になったら、当然、経済危機が訪れるわけですから。この悪循環の中では二つに一つを選ぶしかない。世界を破滅させることではあるけれども今のままの方向で進みつづけるか、それとも大量の失業者と経済破局を覚悟するか。私が見ている唯一の克服の道は、本当に理性的な洞察によって、お金の制度自体がその内部ですっかり変わらなければならないことに、経済界の人たち自身が気づくことです」という発言である。

エンデ氏は、この発言の後に、オーストリアのウェルグルという町で、世界恐慌の折に町長が導入した利息の付かない地域通貨の事例を紹介している。「公的なオーストリア通貨も併存したが、導入一年後には地域通貨が町では主流となり、住民の半数が失業者だったのが全員が職を得て、町の財政も劇的に改善した。にもかかわらずオーストリア政府は、即座にこの通貨の流通を禁止した」という話である。エンデ氏は、このように価値が変わらない、もしくは価値を減じていく通貨というものに生涯、期待を見出そうとした先達だと言ってよい。

ただ、皮肉なことに、歴史上、類を見ない超低金利時代にあるいま、金利がマイナス水準にあっても、お金は雇用機会創出には向かわず、証券や不動産購入に向かっているという現実は、エンデ氏の期待を裏切るものになってしまっている。過去の融資契約にまで遡ってマイナス金利を適用することはできないし、マイナス金利で資金を提供する人が現れても、借り手の信用リスク判断まで放棄できないから、事は100年近く前の小さな町の出来事のようにはいかないということだろう。

では、逆説的に、稼いだ所得の一部を当期に使用してはならず、その額は保蔵されていて、何年後かに使用できる通貨が導入されたらどうなるだろうか。もちろん、ある人はそれを財産権の侵害だと言い、ある人は貨幣の流通速度が減少するとともに、金利上昇を招いて経済活動に冷や水を浴びせることは必至だと言うだろう。しかし、少し立ちどまって考えてみるなら、例えば、雇用保険制度における保険料や高額所得者への累進課税と失業者に対する給付といった政府の所得再分配政策は現時点、もしくは数年の時間軸のなかで、こうした通貨を導入するのと同じことを行っていることにはならないだろうか。

いま、人々が立ち竦《すく》んでいるのは、現在の格差や絶対的貧困という現実もあるが、将来に対する言い難い不安という側面もあるのではないだろうか。前述のように、今後は、より激甚な困難のなかを生きなければならない趨勢にある。いまと未来の経済的な富や利便性を、トレードオフなしに各々極大化できる処方箋があればよいのだが、そうした魔法はないと認識するところからステークホルダー資本主義2・0は始まる。もちろん、いまと未来のゼロサムゲームだとまで極端に捉える必要はない。その経済的な富や利便性の総和を最大化すればよいのだが、いまの経済的な富や利便性の行き過ぎた追求が、結果的に総和を大きく減じさせる懼《おそ》れに目を凝らそうということなのだ。

稼いだ所得の一部を当期には使えず、何年後かに使用できる通貨というのは、実は、社会的な年金制度に類似していると気付く方がおられるかもしれない。そのとおりである。しかし、それは現在の年金支給のために必要な財源を、その時々の保険料収入から用意する賦課方式の年金制度ではない。将来自分が年金を受給するときに必要となる財源を、現役時代の間に積み立てておく積立方式の年金制度である。本筋からはやや逸脱するが、日本の国民年金制度を賦課方式から積立方式に移行させ、そこで必要となる財源不足は政治的に国庫負担で調整するという改革は、ステークホルダー資本主義2・0を構築するための重要な一里塚である。

ユニバーサル・オーナーの射程

年金制度の話を続けよう。いまから十数年前に、筆者が出会った概念がある。それが「ユニバーサル・オーナー（Universal Owner）」[*30]で具体的には巨大な年金基金がそれに当たる。年金制度は、加入者から託されたお金をタンスに眠らせておいて、加入者が高齢になったときに年金を支給するわけではない。この積み立てを支給するまでのあいだ、お金は年金基金によって、株式、債券などで運用される。最近では、不動産投資が行われたり、森林投資などが行われたりする例もある。そしてこの間の運用益も合算されて年金が支給されるのである。その意味では、年金基金は資金提供を行う金融の担い手である。

こうした年金基金の文脈におけるユニバーサル・オーナーとは、巨額の運用資産を持つ投資家のことだ。資産が巨額のため、多様な産業および資産クラス（上場株式、未上場株式、債券などの種類区分）に分散して投資しているが故、実際上、経済および市場全体をあたかも所有したかのような状態となっている。また、そうした状態に立たされざるを得ない認識を、「ユニバーサル・オーナーシップ」と呼ぶ。

経済および市場全体のあたかも〝ミニチュア〟を所有しているので、ユニバーサル・オーナーは個別企業の決算の巧拙などのパフォーマンスだけでなく、持続的な経済成長や健全に機能する金融市場に強い関心を寄せる。仮に投資妙味のある個別企業を評価できて、数社を抽出できたとしても、運用資産が大き過ぎて、その企業の株式や債券だけを買うということができない（資金量が当該証券の時価総額を簡単に超過してしまい、ストップ高で売買が成立しない状況に陥る）からである。

安易に個別銘柄投資や銘柄の入れ替えができないとすれば、運用における収益を長期的に最大化するためには、個々の企業単位ではなく、経済活動全体に悪影響を及ぼす要因を是正することが有効だという発想が出てくる。既に本書では、「健全な地球や健全な社会がなければ、健全な経済活動はできない、健全な企業活動はできない」ということがあちこちで指摘されるようになってきたことを紹介した。ユニバーサル・オーナーは、そのこ

＊30　Monks, A.G. Robert, Minow, Nell, "Watching the Watchers: Corporate Governance for the 21st Century", Wiley, 1996

とに深い洞察と理解を持った投資家だと言える。「社会や地球が劣化してくれば、その悪影響はあまねく広く全ての企業活動に及び、それが自分たちの将来にわたる運用益を毀損させる。ならばその是正を講じることは合理的だ」と考えるのである。

ユニバーサル・オーナーの行動

市場を通じて行われる経済活動の外側で発生する不利益が、個人や他の企業に悪い効果を与えることを「負の外部性」とか「外部不経済」と呼ぶ。公害問題を典型とする環境問題は、こうした外部不経済を生じさせる典型事例である。もちろん、逆に経済活動に関わる当事者間の外側で、良い効果が生まれることもある。養蜂家が近くにいれば、ミツバチが果樹の受粉を促してくれ、果樹農家は生産を増やすことができる（しかも、養蜂家に対価をなんら払わないで）という例がよく引用される。いずれにせよ、ユニバーサル・オーナーは「外部性」に強く関心を持つ投資家ということだ。

自らの資産全体の価値を高めるように、負の外部性（外部不経済）を生じさせる存在に対しては、その悪影響ができるだけ小さくなるよう策を講じ、正の外部性（外部経済）を生じさせる存在に対しては、その好影響ができるだけ大きくなるよう策を講じるのが、基本的な行動パターンになる。それは、①株式や債券の購入や売却、②企業に対する株主の立場からの働きかけ、③公共政策への働きかけの3つの類型に分けることができる。ユニバーサル・オーナーが関心を有する「外部性」のある領域としては、正の外部性では教育や職業訓練、研究開発が、負の外部性では武器・兵器、喫煙、肥満の原因となる食品・飲料・外食サービスなどがよく指摘される。しかし何といっても、最大のテーマは気候変動問題だと断言してよいだろう。

２０１３年、英国の調査会社TRUCOST PLCが発表したNATURAL CAPITAL AT RISK: THE TOP 100 EXTERNALITIES OF BUSINESSと題する報告書によれば、経済活動によって生じた、世界各地で確認される気候変動、土地利用、水資源、大気に係わる悪影響を試算したところ、トップ１００の地域・経済活動だけでも総額４・７兆ドルのコストが隠されているとの結果が出ている。そのうち、36％は温室効果ガス排出に係わる外部不経済だとされ、水利用の26％、土地利用の25％を抑えて最大となっている。実際にも、気候変動による物理的被害や経済的損失が増大していることは、明らかだ。影響はあらゆる産業に及び、観光業、資源採掘業、運輸業、水資源の多消費産業、沿岸部に生産拠点またはサプライヤーを有する製造業、保険金支払額が増す保険業等、影響を受けない業種はないと言ってよい。

海外の大手の公的年金基金のなかで、ユニバーサル・オーナーシップを重視することを明確化し、投資方針に反映させている典型例は、ノルウェー政府年金基金―グローバルである。その運用にあたっての倫理ガイドラインを検討したグレーバー委員会報告書では「数多くの企業にその所有者の立場で関与することを前提とするとき、ある企業がポートフォリオを構成している他の複数の会社に損害を与える（例えば環境汚染を引き起こすような）活動を行っているなら、それは経済的に年金基金に対して害悪を及ぼす」と書いている。さらに、ノルウェー政府年金基金―グローバルの管理・運用に関するノルウェー財務省からの国会報告（Report No. 20 to the Storting〈2008-2009〉）を読むと「基金の有する長期的視座と広がり、すなわちユニバーサル・オーナーであることの特性に照らせば、ゆっくりと時間をかけて確かなリターンを実現するためには、経済、環境、社会の各々の側面で健全で持続可能な世界の発展が必要になる。加えて年金基金の運用成績は、適切に規制が行き届き、価格が正しいシグナルを与えることで機能をよく発揮する市場の存在と、経営層が株主の長期的な利益に合致した行動をとる企業の存在に依存している」という一文が登場する。

ユニバーサル・オーナーシップを重視する投資家が、政策を立案・執行する政府当局に対して声を上げた例としては、２０１６年7月20日、カリフォルニア州職員退職年金基金（ＣａｌＰＥＲＳ）やコネティカット州退職年金基金（ＣＲＰＴＦ）、ニューヨーク州職員退職年金基金（ＮＹＳＣＲＦ）などが、他の投資家や運用機関と共同で、米国証券取引委員会に、米国の上場企業の報告書開示で、地球や社会の持続可能性に関連して生じさせるリスクを記載することを義務付けるよう要請する文書を送り、公開したケースがある。

誤解すべきでないのは、ユニバーサル・オーナーとして年金基金が突然、人類愛に目覚めたわけでは決してないということだ。資金提供者から見れば、負の外部性を有する経済活動を縮小させ、自らの資金を守ることは、極めて経済合理的だということになる。長期的に未来を見据えたときの損得勘定から生まれた、合理的な帰結だと見たほうが良い。

インパクトとタクソノミー

ユニバーサル・オーナーという「外部性」に強く関心を持つ投資家が出現してきていることを前節では紹介したが、では、個別の経済活動は、どの程度の正の外部性や負の外部性を有しているのか。明確に測定できたり、外形的に決定できるのだろうか。そうした疑問が生じるのは、当然の帰結である。個別の経済活動の正の外部性や負の外部性を規定することは容易ではない。なので、ユニバーサル・オーナーという概念が提起する行動は普及しないという指摘も世上にはある。

他方で、このところ金融業界では「インパクト」という言葉を耳にすることが増えている。この言葉を辞書で調べると、「影響」とか「効果」という言葉が出てくる。金融という行為の善し悪しを測る物差しは、長らく「収益（リターン）」と「危険度（リスク）」というふたつだった。株式に投資するという行為を想定してみると、ある期間に、どの程度の値上がり益や配当という収益（リターン）がどんな危険度（リスク）のもとで獲得できるかで、投資の成績を事前に予測したり、事後に評価したりすることが行われてきた。ただ、資金提供によって、持続可能性の観点からどんな影響が生じたのか、どんな効果が生じたのかも、金融の善し悪しを測る第3の尺度になるという着想が出現している。

2020年7月、日本の環境省は「インパクトファイナンスの基本的考え方」という文書を取りまとめて公表した。そこでは、「インパクトファイナンス」を次の①～④の要素全てを満たすものとして定義している。

その4つの要素とは、①投融資時に、環境、社会、経済のいずれの側面においても重大なネガティブインパクトを適切に緩和・管理することを前提に、少なくともひとつの側面においてポジティブなインパクトを生み出す意図を持つもの。②インパクトの評価及びモニタリングを行うもの。③インパクトの評価結果及びモニタリング結果の情報開示を行うもの。④中長期的な視点に基づき、個々の金融機関／投資家にとって適切なリスク・リターンを確保しようとするもの、である。さらに、ここでいう「インパクト」とは、組織によって引き起こされるポジティブ又はネガティブな環境、社会又は経済に対する変化のことである。直接的な成果物や結果（アウトプット）ではなく、それにより環境、社会又は経済面にどのような違いを生み出したかという効果（アウトカム）を指す、と整理されている。言い換えるなら、投融資によって、どんな設備が稼働したかとか、どの程度企業の売上高が増加したかというのではなく、温室効果ガスの排出が減ったのか、ある地域の失業率が改善したのかが焦点になる。

ただここでも、個々の金融取引についてインパクトを算定する手法について、具体的なガイダンスが示されているわけではない。さらにいえば、こうしたインパクトの算定に過大なコストがかかるのだとすれば金融取引自体が阻害されてしまう懸念もある。

そこに大きな発明が現れた。タクソノミー（分類）と呼ばれる体系をつくって、持続可能な社会に貢献すると考えられる経済活動を明示しようというアイデアである。欧州委員会は、2021年4月に気候変動の緩和と気候変動への適応に関するタクソノミーの詳細な内容を定める委任法令を発効させた。委任法令では、太陽光発電、風力発電、旅客輸送、貨物輸送など「気候変動の緩和」の対象として88、既存建物の大規模改修や損害保険など「気候変動への適応」の対象として95に及ぶ経済活動が列挙された。

本書の脈絡で言えば、こうした経済活動を「正の外部性」を有するものと認定して、資金が積極的に誘導される環境をつくろうというのである。これによって、ユニバーサル・オーナーの投資対象選定でも、個別金融取引のインパクト算定でも、その手間やコストは格段に削減され、障壁が緩和されることになる。同時に、「負の外部性」や「ネガティブな影響」を有する経済活動に資金提供を行うこと自体を禁じていない点に、筆者がこれを「発明」と形容する理由がある。まさに、現在と未来を両立させようとする試みだといえよう。

しかし、欧州域内にも、市場経済を原則として掲げるのなら、「持続可能な社会に貢献すると考えられる経済活動」を国家（正確にはEUの場合には国家連合体・統合体）が決定してよいのかという反発はある。それ以上に日本国内では、このタクソノミー委任法令に対する評判はすこぶる悪い。全ての産業、全ての企業に存在意義があると考えるビジネスマナーに照らすと許容しがたいという違和感を起点として、不確実な未来にあって特定の経済活動だけを優遇することは革新的なイノベーションの芽を摘む、持続可能な社会に貢献すると考えられる経済活動だけで経済全体が回るわけではないという懸念が発出されている。

他方で、内容は各々異なるにしてもタクソノミーの意義を認め、その制定を打ち出している国や地域も増えている。この賛否も、いわば政治的決着に委ねざるを得ないだろう。

しかし、「地球環境」と「未来世代」を明確に視野に入れるステークホルダー資本主義2・0に向けて、その移行の起動エンジンとして新たな「金融」の萌芽が出現していることは確かである。そして、その選択も、我々の手のなかにあるのである。

自然資本と金融

もうひとつ、「地球環境」と「未来世代」を明確に視野に入れるステークホルダー資本主義2・0に向けて、その移行の起動エンジンたる新たな「金融」の萌芽の事例として、ここでは自然資本を織り込む金融の動きを紹介したい。

いま、金融関係者のあいだでは、自然資本の量や変化、さらにはそれが生み出す経済的価値を金銭的に何とか計測し、自らのビジネスモデルのなかに統合したいという動機が、沸々と大きくなっているように映る。そして、そのことへの挑戦が、世界各地で現実のものとなっているのである。

中米コスタリカでは、既に国会に「自然資本の評価と開発計画における環境会計の統合に関する法律案」が提出されている。この法律案は、2016年からインフラ整備や経済開発を行う際に、環境影響評価で自然資本に対する影響を金銭的に評価することを義務づけるものであった。金融機関がプロジェクト融資を行う際に、一定の環境配慮を要請する動きは、国際金融公社（IFC）が作成するパフォーマンス・スタンダード（公害防止や自然環境の保護に加え、プロジェクトにより影響を受ける地域住民や労働者の人権保護のための基準）やエクエーター原則（民間金融機関が大規模な開発や建設のプロジェクト案件に参加する場合に、プロジェクトが自然環境や地域社会に与える影響に十分配慮して実施されることを確認するための枠組み）などで顕在化してきたが、今後はさらに、環境影響評価で自然資本に対する影響を金銭的に評価するという方向性が展望されることになるだろう。

カントリーリスクや国の安定性や競争力を評価する際に、自然資本の賦存量を参考にしていくという動きもある。2010年、世界銀行は「国富計算と生態系サービス評価パートナーシップ」という枠組みを立ち上げ、自然資本の価値換算の普及に乗り出した。11年1月に発表された「新たな国富論（The Changing Wealth of Nations）」は農地、森林、鉱物、エネルギーの価値は世界全体で44兆ドルを上回り、うち29兆ドルは途上国にあることを明らかにした。その他に生態系の恵みとして、森林は、洪水・渇水の緩和や土壌保全、そこに棲むハチなどの昆虫による授粉などの価値を提供していることを論じた。また、材木を伐採すると、農業生産性や水力発電能力の低下、水質の悪化など、経済の他のセクターにマイナスの影響をもたらす可能性があることも指摘している。

世界銀行の旗振りのもと、国の自然資本の定量化を行うパイロットプロジェクトには、ボツワナ、コロンビア、マダガスカル、フィリピン、コスタリカが名を連ねる。こうした取り組みが進んでいけば、金融機関は集計結果を、運用資産のポートフォリオリスク管理（投融資している個別銘柄のリスク管理）やソブリンリスク管理（投融資している国・地域のリスク管理）に反映していく方向性が展望されることになるだろう。

自然資本の概念が普及してくるにしたがって、「資源生産性の根本的改善」をもたらすイノベーションを実現する企業、「サービスとフローに基づくビジネスモデル」を掲げる企業、「自然資本の再生や自然資本への再投資」を積極的に行う企業などを、金融機関は積極的に評価していくという動きも顕在化してきた。

自然資本の劣化にともなう潜在的なリスク

さらには、「自然資本の劣化」にともなう企業が抱える潜在的なリスクを、金融機関が評価し、投融資判断に反映させていくという動きも現実化してきている。海外では、既に一企業の事業活動の種類、規模、立地ならびに調達される原材料の規模と供給者が存在する地域を入力すると、温室効果ガス排出、大気汚染、土地・水質汚染、自然資源の利用、廃棄物排出、水使用の観点でどれだけの自然資本に対する負荷を生じさせているかが算定されるサービスがあり、この結果を利用する金融機関も存在する。例えば、リスクの高い企業には融資の際に高い金利を設定することや、リスクの高い企業は投資判断で運用ポートフォリオに組み入れないと判断するなどの方向性が展望されている。

ここでも、資金提供者から見れば、自らの資金を守るという極めて経済合理的な動機によってこうした動きが現れているという点が重要である。長期的に未来を見据えたときの損得勘定から生まれた、合理的な帰結なのである。

2020年7月7日には、TNFD（Task Force for Nature-Related Financial Disclosure：自

然関連財務情報開示タスクフォース）の構想が発表された。9月の国連生物多様性サミットで非公式ワーキンググループがひとまず発足した。そして、ほぼ1年近い準備期間を経て、21年6月4日に同タスクフォースは正式に発足することになった。今後、2年間を視野に、企業が事業活動を通して自然にどれだけ依存し、影響を与えているかを把握し、開示する枠組みをつくる。

設立団体として、国連開発計画（ＵＮＤＰ）、国連環境計画金融イニシアチブ（ＵＮＥＰＦＩ）、ＮＧＯの世界自然保護基金（ＷＷＦ）、ＮＧＯのグローバルキャノピーが名を連ね、共同議長には生物多様性条約事務局長のエリザベス・マルマ・ムレマ氏と、ロンドン証券取引所データ分析部リーダーのデビッド・クレイグ氏が就いた。

２０２１年6月11～13日に英国コーンウォールで開催されたG7首脳会合のコミュニケには「我々はまた、自然関連財務情報開示タスクフォースの設立及びその提言に期待する」「我々は、自然の保護、保全及び回復に対する投資を増加させることに向けて集中的に行動する。これには、２０２５年にかけて自然を活用した解決策のための資金を増加することにコミットし、気候と生物多様性の資金の相乗効果を最大化し、また、政策的及び経済的意思決定の双方において自然の重要性を確保することを含む」という文章が盛り込まれた。加えて、30年までに生物多様性の損失を止めて反転させるという世界的な使命にコミットする「G7・2030年自然協約」と題する附属文書も採択された。

気候関連財務情報開示タスクフォース（TCFD）が「企業の気候関連のリスクと機会を適切に評価できる」ことを目的とするのに対し、TNFDは「企業の自然資本と生態系サービスに関連するリスクと機会を適切に評価できるようにする」ことを目指している。自然資本を織り込む金融の動きも、確実に進展しているのである。

おわりに

20年以上前、スイスの金融機関をお手本に、ＥＳＧアナリストの仕事を見よう見まねで始めた頃、スイス人の担当者に「なんで金融ビジネスが環境問題なんぞ気にし始めたんだ？」と無邪気に質問したことがある。そのときの答えは「顧客のリクエストだよ。プライベートバンキングの顧客である富裕層の何人かから、50年後、１００年後の自分の財産をちゃんと守ってくれよ。それには環境問題が心配なんだという声が上がったのさ」というものだった。１９９０年代の初め頃の出来事だったという。この答えを耳にしたときから、筆者のなかには「私益を完全否定しなくても、地球は持続可能にできるかもしれない」という期待が生まれた。

Strategic Management Journal 誌に載ったレネー・アダムス・オックスフォード大学教授（執筆当時は、豪クイーンズランド大学）らの論文 "Shareholders and Stakeholders: How Do Directors Decide?"[*31]（２０１１年）も、筆者の確信を高めた。その論文の結語は、フォード・モーター社とダッジ兄弟の訴訟に際し１９１９年、米国ミシガン州の最高裁が下した判決を引用しつつ、「これまでの90年でも、この後に書かれる多数の論文でも、（株主資本主義とステークホルダー資本主義の）ふたつの見方が和解することはないだろう。結局のところ本質は歩み寄らない。これまでの論文が明らかにしたことは、この反目は決して解消しないだろうということだ。人々の生きるゴールに関する基本的信念が各々のルーツになっているからである」となっていた。そこから、「地球環境」と「未来世代」へとステークホルダーを拡張することの思索が始まった。

２００５年からＩＳＯ２６０００（組織の社会的責任に関する国際規格）策定の作業部会の一員であった筆者にとっては、ステークホルダーという概念をめぐる欧米と日本とのギャップに正直、閉口していた。ＩＳＯ２６０００は「社会的責任」という用語を「組織の決定及び活動が社会及び環境に及ぼす影響に対して、次のような透明かつ倫理的な行動を通じて組織が担う責任」と定義し、「健康及び社会の繁栄を含む持続可能な発展への貢献」「ステークホルダーの期待への配慮」「関連法令の順守及び国際行動規範との整合」「組織全体に取り入れられ、組織の関係の中で実践される行動」という構成要素を後に続けて規定した。この「ステークホルダーの期待への配慮」という一節が、国内の、とくに経営者になかなか理解してもらえなかった。「企業経営は、第三者にとやかく言われて意思決定するものではない」というのが多くの経営者の反応だった。

「ステークホルダー・エンゲージメント」という言葉をISO26000規格のなかで大きく位置付けることに関する議論があった。「ステークホルダーから宿題をもらうことを出発点にする。そして、その企業への期待、要請に企業としてどのように取り組めるのか。もちろん企業の経営資源は限られているから、その全てに応えることはできないのは当然だが、ステークホルダーからの声に優先順位を付け、そしてマイルストーン（里程標）を定めて、できることは『いつまでになにをする』、できないことは『いまできない』と決める。さらに、そうした意思決定のプロセスや活動成果をステークホルダーに説明していく、理解を求めていくという活動もまた必要になってくる」。これが欧米の主張だった。これに対して、「ステークホルダー・コミュニケーション」までなら許容できるという意見が日本では大勢を占めた。欧米の主張に、すっかり首肯してしまった筆者は、「ステー

＊31　RB Adams, AN Licht, L Sagiv（2011）. Shareholders and stakeholders: How do directors decide?. Strategic Management Journal 32（12）, 1331-1355. © Renée B. Adams, Amir N. Licht and Lilach Sagiv 2010

クホルダーに鍛えられる経営を選択するということですよ」などと説明を試みたが、ほとんど伝わらなかった。ＩＳＯ２６０００が２０１０年に発行された後、このアダムス教授の論文に邂逅した。人の生きることのゴールに関する基本的信念が本源だとすれば、信念を率直に語ればいいだけなのだと、息苦しさから、少し解放されたことを記憶している。

ごく最近の励ましとなったのは、斎藤幸平・大阪市立大学大学院経済学研究科准教授の著作『人新世の「資本論」』（集英社新書、２０２０年）である。この本の「はじめに」は「ＳＤＧｓは『大衆のアヘン』である！」の一文から始まる。もちろん、これはカール・マルクスが『ヘーゲル法哲学批判序論』で書いた「宗教は、逆境に悩める者のため息であり（中略）、それは民衆の阿片である」という一節のアナロジーである。斎藤准教授は、ＳＤＧｓを口にすることは、「免罪符」を手にしている感覚をもたらすに過ぎず、消費行動と資本の運動原理を根っこから変えなければ、人類の危機は解決しないと主張する。

筆者もかつて、「三方よしは思考を停止させる」と吹聴していた時期があった。「売り手によし」「買い手によし」「世間によし」を常に重視するという商業の考え方で、売り手と買い手だけでなく、社会全体をも益するものでなければ商売は長続きしないという教えだ。

ＩＳＯ２６０００が２０１０年に発行された頃、「欧米企業もようやく株主至上主義の弊害に気づいた」「三方よしのような伝統的な日本的経営の価値観が世界からも見直されている」と「我が意を得たり」とする反応が少なからずあった。しかし、それは本質を捉えていないように筆者には思えた。欧米の「企業は誰のためにあるか」の議論は、螺旋階段を上っていくような形で刻々と進化を遂げており、真上から見ていると、地上階で静止している伝統的な日本的経営の価値観と重なって見える瞬間もある。しかし、横から見れば、高さを相当に異にしていると感じられたからだ。

『人新世の「資本論」』が提案するのは、生産活動の水平的共同管理である。ワーカーズ・コープを例にあげて、職業訓練と事業運営を通じて、地域社会へ還元していく「社会連帯経済」の促進を説いておられる。その提案は、1995年に岩波新書として刊行された内橋克人氏の著作『共生の大地　新しい経済がはじまる』の内容を彷彿させた。[*32]むろん、財産共有、搾取廃絶、無階級を掲げる思想が、人の欲望を乗り越えられなかった歴史にも目を凝らさなければならないという読後感も覚えたが、『人新世の「資本論」』に支持や共感の大きな輪が生まれた点には光を感ぜずにはいられなかった。「資本主義システムでの

＊32　内橋克人『共生の大地　新しい経済がはじまる』岩波書店、1995年3月

脱成長を撃つ」という章からの展開は、本書とは性格を異にしているが、そこに至るまでの現状認識にはほぼ全面的に同意するし、筆者など及びもしない洞察に圧倒され、かつ力を分け与えていただいた。

資本主義の枠内で、若干の光明もある。２０２１年6月、日本では、上場企業が守るべき企業統治の行動規範とされるコーポレートガバナンス・コードが再び改訂された。コーポレートガバナンス・コードは成立から概ね3年毎に改訂を行うこととされているので、それ自体に目新しさはないが、今回の改訂で「『持続可能な開発目標』（ＳＤＧｓ）が国連サミットで採択され、気候関連財務情報開示タスクフォース（ＴＣＦＤ）への賛同機関数が増加するなど、中長期的な企業価値の向上に向け、サステナビリティ（ＥＳＧ要素を含む中長期的な持続可能性）が重要な経営課題であるとの意識が高まっている。こうしたなか、我が国企業においては、サステナビリティ課題への積極的・能動的な対応を一層進めていくことが重要である」「取締役会は、気候変動などの地球環境問題への配慮、人権の尊重、従業員の健康・労働環境への配慮や公正・適切な処遇、取引先との公正・適正な取引、自然災害等への危機管理など、サステナビリティを巡る課題への対応は、リスクの減少のみならず収益機会にもつながる重要な経営課題であると認識し、中長期的な企業価値の向上の観点から、これらの課題に積極的・能動的に取り組むよう検討を深めるべきである」「取締役会は、中長期的な企業価値の向上の観点から、自社のサステナビリティを巡る取り組みについて基本的な方針を策定すべきである」などの文言が改めて盛り込まれたのは、「地球環境」と「未来世代」を明確に視野に入れるステークホルダー資本主義2・0に向けての一歩前進のようにも感じられる。

人々の意識や行動にも変化が見られる。足元で触発された出来事は、2021年2月上旬、いくつかの在日大使館が相次いでツイッターに「#DontBeSilent」というハッシュタグをつけて、マスク姿の人々が手を挙げている写真を掲載したことである。

かつて、日本には、いわゆる「消えた年金問題」という騒動があった。07年に、納付者を特定できない国民年金や厚生年金などの納付記録5000万件が判明した出来事である。当時、この出来事をフランスのアナリストに話したら、「フランスなら市民革命だ」と即座に反応があった。ドイツのESG調査機関を訪問したとき、日本の会社員の労働時間の長さが話題となった。労働問題に関心を持つアナリストには、既に「過労死」は国際語となって知られていたが、その背景が彼らには理解できないようだった。

筆者は長い時間をかけて「大企業をピラミッドの頂点とする日本の社会では、転職は多くの場合には不利益をもたらすものと理解されており、問題を感じても一度入社した大企業を退職するのは心理的障壁が高いこと」「ジョブディスクリプション（職務記述書）は個人に明確に定義されておらず、小さな集団で相互に役割を共有しながら成果をあげていくことが評価されること」などを説明した。「全ての企業とは言わないまでも、上司が退社するまで、部下は自席に残っているのが常識だという職場もある」と紹介したときだった。机の向こう側に座っていた一人のドイツ人は「それは強制労働と同じだ」と声を上げた。

ＵＳＳという英国の大学職員の年金基金にインタビューしたときの言葉も蘇る。彼らには年金は自分のカネを預託しているだけという意識が貫徹していた。税金と年金の掛け金は全くの別物だと語り、「自分のカネだと思うから、その運用や管理のあり方に徹底的に口を出す。社会的責任投資を行うべしという方針も、加入者の提案で始まった。ただ、結果は自己責任。そのため、加入者は実態に常に関心を持ち、成績の悪い運用責任者のクビが飛ぶ」と回答してくれたことは、いまでも忘れられない。

「変化に対する姿勢」の差異を、最近ではますます感じることが多い。例えば脱炭素社会という話題を巡っても、海外では「ワクワクする」「自分たちが牽引したい」のように「変化は善」として語られる。対して日本では「現実的ではない」「胡散臭い」のように

「変化は悪」とされる。欧米や中国では、ゲームチェンジが有効で、その契機を社会課題は教えてくれると考える。そのうえで、「初めて自動車をつくる」ことは「よりよい自動車をつくる」ことと質的に異なるから、交通ルールを定め、車検制度をつくり、給油サービスのシステムを整備するという思考の広がりを大事にする。世論を喚起し、味方につけ、政治や行政を動かして、制度やルールをつくっていく。このダイナミズムを生み出せる本源に、筆者は「＃DontBeSilent」の精神があるような気がする。

そうした欧米や中国ですら、幾つかの萌芽が見え隠れしているとはいうものの、「経済は全てを癒やす」「経済成長は常に目指すべきこと」論を相対化して、「地球環境」と「未来世代」を視野に入れるところまでステークホルダー資本主義論を拡張するという考えは、まだ明確になっていない。

必要最小限の生きる力と個体として有限であることを自覚しつつ、「地球環境を保全すること」と「未来世代が希望を持てること」を掲げて、名誉ある地位を占めたいと考える選択肢を改めて口にしてもよいのではないか。「もう、経済のことは、ほどほどでよい。この程度で十分」との精神の拠りどころをもち、行動する国が現れれば、世界の少なからず一定の数の人からは、賛同や尊敬を集められるのではないか。

これに対し、そんな絵空事を掲げていては、世界列強の「強欲な資本主義」に瞬時に叩き潰されてしまうという警告もあるだろう。企業経営者からは、そんな弛緩した従業員が過半になったら、職場としてのモチベーションは維持できないし、企業経営は成り立たないと断罪されるのだろう。

加えて、いま目の前で起きている悲劇や葛藤から目を逸らし、地球環境と未来世代に焦点を移すというのは、ホーリスティックで調和的な精神世界を夢想する「ロマン主義」あるいは「ユートピア思想」に過ぎないとの指弾も生まれよう。それは、近代化が完了して豊かで安全な生活を享受した人の嗜好のみを反映した「エリート主義」だという批判もあろう。人間の持つ欲望というものを過小評価し過ぎている、人は自分の内面の欲望と闘いながらも、大勢では欲望の命じる方向へと流されて生活しているという真実を甘く見ているという叱責も生まれよう。

前述の世代別選挙区、ドメイン投票方式、余命比例投票などの選挙改革案を著書で紹介しておられる八代尚宏・昭和女子大学教授自身が、「高齢者の利益に反した政治制度への改革を、高齢者層が大きな政治力をもっている選挙で選ばれた政治家に求めることは、根本的に矛盾している」「机上の空論」と退けておられることも書き留めておかなければなるまい。

さらに、ステークホルダー資本主義２・０が「地球環境」と「未来世代」を明確に視野に入れるというとき、その両者のあいだに矛盾があるという点に、筆者はまだ明確な解を得ていない。「地球環境」を保全するという意識を突き詰めていけば、「それは所詮、人間のエゴではないか」という境地に行きつく。「人間という種がどうなろうとも、それでも地球は回っている」という状況を受け入れざるを得なくなる。スウェーデンのルンド大学の研究者らが２０１７年に発表した論文[*33]には、個人が持続可能性のために二酸化炭素排出量を減らす有効なライフスタイルとして、植物由来の栄養を摂取すること、飛行機を使うことを避けること、自動車を使わないことと並んで、子どもを持たないことが並んでいる。「地球環境」を保全するという意識を突き詰めていけば、ヒューマニズムを否定し、「未来世代」を否定する恐れを排除できない。

＊33 "The Climate Mitigation Gap: Education and Government Recommendations miss the most effective Individual Actions" Wynes S and Nicholas K 2017 Environmental Research Letters. 12 074024

しかし、最後に、筆者が微かに展望を見出している未来予測を紹介したい。かつてローマ・クラブの「成長の限界」の作成作業にも携わったヨルゲン・ランダース・BIノルウェービジネススクール名誉教授が2012年に著した"2052: A Global Forecast for the Next Forty Years"のなかの一節である。[*34]

「世界の総人口は一般に予想されていたより早く成長が止まる。都市化が進み、出生率が急速に低下するからだ。人口は2040年直後に81億人でピークとなり、その後減少する」。日本だけではなく、世界の多くの国が早晩、マルサスの呪縛から真の意味で解き放たれる状況が訪れるという予測があるのだ。

ならば、減少する人口を前提とした世の中の姿を、いちはやく模索・構築しておくことには意義があるだろう。そうした状況下での、経済そして暮らしというのは、相当にいまとは違う景色になっていると予感する。

政治家、官僚、経営者が想定するほど、団塊の世代の高齢者は近視眼的で、「目先の利益」を過度に重視する存在だと筆者は考えない。どうか、来し方を振り返ってもらい、若い頃を思い出して、これからの生き方を見つめていただきたい。同時に、世の中をリードする皆さんには、「いまの政治家・官僚・経営者が、『経済は全てを癒やす』『経済成長は常に目指すべきこと』論を相対化することなど不可能だ」と諦めてしまうのではなく、私心を超えた意思決定を懇願したい。「未来世代が希望を持てる」世の中は、いまの私心だけが跋扈する世の中とは対極にあるはずだからである。

筆者が勇気づけられるのは、最近、「社会が持続的に発展しなければ、企業も成長できない」「利益を追求するだけでなく、自然と共存する考え方に変えるべきだ」「自然に逆らう経営はいけない」「人間として、企業として、どう生きるのか」という言葉が日本を代表する企業経営者の口から発せられるようになったことだ。また、滋賀県では、「世界から選ばれる『三方よし・未来よし』の滋賀の実現」という政策キャッチフレーズを2019年から使い始めている。あえて「未来よし」というフレーズを加え、三方よしを現在にも通用する概念に進化させようとする意志を感じることができる。

「今度こそ、世界を転換する」「全く姿を変えるほどの変容が最も必要とされる」という勇ましい決意を口にしつつ、ESGアナリストなどという仕事は何らリスクをとっていないという感覚に苛まれつつではあるが、本書に記したメッセージが、ひとつでも読者の皆

＊34　ヨルゲン・ランダース『2052 今後40年のグローバル予測』日経BP社、2013年1月

さんの「考えるヒント」となったのであれば、掛け替えのない贈り物をお預かりしたに等しい。それを未来の世代に引き渡すために、今後も務めを果たしたいと思う。

謝辞

60年近くのあいだには、さまざまな邂逅があった。出来事との邂逅、言葉との邂逅、考え方との邂逅、景観との邂逅、そして人間との邂逅だか、本書『ステークホルダー資本主義』の筆をひとまず擱《お》くにあたって、とりわけ4人の方に謝辞を述べたい。

臨済宗円覚寺派管長であった足立大進老師の法話に初めて接したのは、40年ほど前のことである。「父母未生以前」というのが主題だった。皆さんに、どこから生まれてきたかと尋ねれば、大抵の人は「父と母のあいだから」と答えるだろう。しかし、その父や母もどこからか生まれてきたわけで、父や母から生まれる前の自己とは何か、根源の自己、自己の本源というのが大問題なのだと説かれたことを、昨日のことのように覚えている。

足立老師は、禅は教化別伝・不立文字であって、本来説き得るものではない、それが「よくぞまあ」と呆れるほど話をしてしまった、といってよく法話を締めくくられた。法話集のようなものを編まれたときも、目次のあとに「役に立つかどうかわかりませんが」

という1ページを付け加えられた。

筆者自身がESGアナリストを生業として、レポートを書き、人前で喋り、書籍を書き散らかして、禄を食んできたことを省みれば、大罪にも値しよう。それでも、自己とは何か、根源の自己、自己の本源という大問題を立て掛けていただいたことが、間違いなくいまの仕事を続けることができた拠り所となった。足立老師は、2020年2月に遷化された。今回、筆を進ませながら、これまでにまして感謝の念が募る思いとなった。

かつての国鉄が、個人旅行客の増大を目的に1970年に始めたキャンペーンで使われたのが「ディスカバー・ジャパン（DISCOVER JAPAN）」だった。このキャンペーンをプロデュースした藤岡和賀夫氏との邂逅も35年以上前に遡る。正確に言うと、実際にお目にかかって言葉を交わしたというのではなく、筆者が藤岡氏の著書『さよなら、大衆。─感性時代をどう読むか』を題材にした論考を発表し、それに対して「若い人がこんなことを書いている」と応じてくださったのであった。その本では、物質的な豊かさを目標に、消費者が共同歩調をとった時代は終わった、人々が求めるのは〝自分らしさ〟で、「感性」を消費や行動の判断基準とする、〝少衆〟の時代が到来したということが書いてあった。

藤岡氏が「ディスカバー・ジャパン」の仕掛け人だと知るのは、この邂逅の後になるのだが、「美しい日本と私」という副題に改めて引き寄せられた。そして、同じ1970年の「モーレツからビューティフルへ」という富士ゼロックス（当時）のキャンペーンも藤岡氏の手になるものだと知ることになる。テレビCMは銀座の街並みを背景に「BEAUTIFUL」と書かれた白い紙を掲げた若者が歩いていくだけのものだった。「もっと使わせろ、捨てさせろ、無駄遣いさせろ、季節を忘れさせろ」などが戦略十訓と称され、当たり前とされていた当時の広告界にとって、こうしたキャンペーンが実現できたことに、これを知って心が震えた。藤岡氏の仕事を通じて教えていただいたのが、資本主義のなかでも価値観を語ることは許されるということでもあった。この確信も、本書の起点となっている。

藤岡氏がこの「モーレツからビューティフルへ」を提案した相手が、当時、富士ゼロックスの宣伝部長だった小林陽太郎氏であったという。筆者と小林氏の邂逅は、それから三十数年後になる。1999年に経済同友会の代表幹事に就任された小林氏は、2000年12月に「21世紀宣言」を発表した。そこでは、市場機能の強化とともに、「経済性」のみならず「社会性」「人間性」を含めて評価するよう市場を進化させることが提唱された。

社会の期待と企業の目的とが、市場のダイナミズムを通じて自律的に調和するという概念である。

欧州の先例を見よう見まねでESGアナリスト（当時はESGという表現もなかったが）の仕事を始めたばかりの筆者にとって、この宣言のなかに思ってもいなかった一文を見出した。「事実、今日の社会は『経済性』に限らず多様な価値尺度で企業を評価するようになっている。例えば、環境への配慮や様々な社会的課題の解決に取り組む企業を選別するグリーン／ソーシャル・コンシューマリズムや企業評価基準に社会性指標も組込んだ『社会的責任投資』といった新しい投資ファンドなどは、そうした先駆け的な動きである」と記されていたのである。

その後、経済同友会の勉強会に呼んでいただいたことをきっかけに、２００3年3月発表の『第15回企業白書「市場の進化」と社会的責任経営—企業の信頼構築と持続的な価値創造に向けて—』の編集にも加わった。会合でも、何度も謦咳に接する機会を頂戴したことは忘れられない。04年にある記事の作成のために、60分にも及ぶインタビューをお願いしたことがある。このとき、「企業がいくらステークホルダーは大切だと主張しても、肝心のステークホルダー側が猜疑心を抱いてしまうようなコミュニケーションでは意味がありません。たとえば、情報を発信したままで何のフィードバックもなければ、企業側が伝えようとすることを、受け手がきちんと理解できているかどうかはわからない。このようにコミュニケーションにループがない、クローズドなループではなく、オープンになっているループを目指すべきなのです」という発言があった。本書の礎に、こうした数々の小林語録があることに、心から感謝したい。

そしてテッサ・テナント（Tessa Tennant）氏への感謝も、本書の底流にある。英国人である彼女は、１９８８年に英国で最初の環境問題に焦点を合わせた投資信託を立ち上げる運動の中心にいた。その後、英国の社会投資フォーラムの設立にも尽力した。筆者が彼女に初めて会ったのは、２００１年４月にマニラでＵＮＥＰ ＦＩが開催した"The Finance Sector in Asia-Pacific: The Business Case for Sustainability Performance"という会議でだった。この年、彼女は活躍の場を香港に移し、アジアで社会的責任投資を普及するAssociation for Sustainable & Responsible Investment in Asia（ASrIA）という会員組織を立ち上げていた。筆者はＥＳＧアナリストの先達として彼女の名前を知っていたし、彼女も日本で環境問題に焦点を合わせた投資信託が立ち上がったことを知っていた。身長１８０

センチを超える大柄な彼女は、両手を開いてあたかも幼馴染みに再会するかのように、出会いを喜んでくれた。くりくりした円らな瞳で、いつも少女のように世の中の未来を憂慮しつつ、希望を語っていた。

それ以降、日本や海外の様々な場所で、彼女とともにセミナーに登壇したり、長い時間議論したりした。彼女は、カーボンディスクロージャープロジェクト（ＣＤＰ）の最初の議長を務め、英国政府が設立したグリーン投資銀行の仕事にも精力的に関わった。そんな多忙の身でありながら、筆者が仕事で困難を抱えると、世界のどこかでそれを見透かしているかのように「どうしてる？」というメールが来た。そのメールに返事をすることが、癒やしとなることが幾度もあった。世界に同じ志で仕事をしている人がいるということを知るのは本当に幸いなことだった。

ただ、残念なことに２０１８年7月、59歳の若さで彼女はこの世を去った。サステナビリティを問い続けた長年の活躍に対して、英国政府はＯＢＥ（大英帝国四等勲爵士）を彼女に授与した。今回、本書を書き進めながら、常に彼女の笑顔が傍らにあるような気がした。僅かなりとも彼女の遺志を本書に反映できているのだとしたら、それが感謝の証である。

筆者は比較的、影響を受けやすい性格のようで、出合った言葉、出合った書籍、出会った人のことを書き連ねだせばキリがない。したがって、感謝を表したい方々は、誠に沢山おられるのだが、ここでは4人の物故者を敢えて挙げさせていただいた。それにしても、ご縁は不思議なものであり、素晴らしいものであり、誠にありがたいものである。

図版制作：タナカデザイン

足達英一郎《あだちえいいちろう》

ＥＳＧアナリスト。株式会社日本総合研究所常務理事・未来社会価値研究所長。１９６２年、東京都生まれ。86年、一橋大学経済学部卒業。90年、株式会社日本総合研究所入社。２００５年3月〜09年5月には、ＩＳＯ２６０００作業部会日本国エクスパートとして「組織の社会的責任に関する国際規格」の策定に携わる。共著書に『投資家と企業のためのＥＳＧ読本』『ビジネスパーソンのためのＳＤＧｓの教科書』（共に日経ＢＰ社）など多数。

ＳＤＧｓの先《さき》へ

ステークホルダー資本主義《しほんしゅぎ》

インターナショナル新書〇八七

二〇二一年一二月一二日　第一刷発行

著　者　足達英一郎《あだちえいいちろう》
発行者　岩瀬　朗
発行所　株式会社 集英社インターナショナル
〒一〇一-〇〇六四 東京都千代田区神田猿楽町一-五-一八
電話 〇三-五二一一-二六三〇
発売所　株式会社 集英社
〒一〇一-八〇五〇 東京都千代田区一ツ橋二-五-一〇
電話 〇三-三二三〇-六〇八〇(読者係)
〇三-三二三〇-六三九三(販売部)書店専用
装　幀　アルビレオ
印刷所　大日本印刷株式会社
製本所　加藤製本株式会社

　Printed in Japan　ISBN978-4-7976-8087-4　C0233

インターナショナル新書

067

物理学者のすごい思考法

橋本幸士

超ひも理論、素粒子論という物理学の最先端を研究する学者は、日常生活でも独特の視点でものを考える。通勤の最適ルート、ギョーザの適切な作り方、エスカレーターの乗り方……。物理学の本質に迫るエッセイ集。

068

「腸内細菌」が健康寿命を決める

辨野義己

腸内細菌の研究にはウンチの入手と分析が欠かせない。約半世紀にわたってウンチと格闘し続けてきた著者の爆笑研究秘話とともに、腸内細菌と健康の関係や最新の研究結果が理解できるオモシロウンチエッセイ！

069

「現代優生学」の脅威

池田清彦

戦後、一度は封印されたはずの「優生学」が奇妙な新しさをまとい、いま再浮上している。その広がりに大きく寄与しているのが、科学の進歩や新型コロナウイルスである。優生学の現代的な脅威を論じる。

071

病と妖怪
―予言獣アマビエの正体

東郷 隆

病除けの妖怪「アマビエ」や幸せを呼ぶ瑞獣など幻の生物たちを紹介。流行病や災害の際に日本人は妖怪たちとどのような関係を結んで来たのか、江戸から明治の瓦版などに描かれた絵とともに考える。

インターナショナル新書

077

アルキメデスの驚異の発想法

数学と軍事

上垣 渉

数学や物理学の理論を「軍事兵器」に活かす実現力と、天秤などのような機械学の知識を「数学」の理論へ活かす応用力を併せ持ったアルキメデス。その生涯を追いながら、豊かな発想力の根源に迫る。

078

カミュ伝

中条省平

コロナ禍において再び大きな話題を呼んだ『ペスト』の作者アルベール・カミュ。彼の波瀾に満ちた生涯と思想・哲学、『異邦人』などの代表作を徹底的に論じる。フランスを代表するノーベル賞作家の決定版評伝。

083

新書版

性差《ジェンダー》の日本史

国立歴史民俗博物館監修

「性差の日本史」展示プロジェクト編

日本のジェンダー1800年の旅へ――。日本で「男」と「女」という区分はいつ生まれたのか？ 社会の中でジェンダーがどのような意味を持ち、どう変化してきたのか？ 豊富な資料を通してこれらの問いについて考える。

084

「最前線の映画」を読む Vol.3

それでも映画は「格差」を描く

町山智浩

なぜ貧困や格差を描く映画には「雨」が付き物なのだろうか？ 『ジョーカー』『パラサイト 半地下の家族』『万引き家族』『天気の子』など、今、世界中の映画作家たちがこぞって「格差」を採り上げる理由とは？

インターナショナル新書

085
松本隆のことばの力
藤田久美子

作詞家、松本隆に五〇年のキャリアのすべてをインタビュー。多くのアーティストに提供した歌詞の背景から浮かび上がるのは「ことば」のおもしろさと可能性。そこにこめられた思い、時代の風も未来に伝える。

086
公共貨幣入門
山口 薫
山口陽恵

主流派経済学やMMTの誤りを指摘し、現在の「債務貨幣」にかわる新たな貨幣システム「公共貨幣」を提唱。「公共貨幣」を取り戻せば「ゼロ成長」から脱却でき、新しい未来が開けることを論証する。

088
今日からはじめる養生学
伊藤和憲

コロナ禍で健康を保つことの重要さが再認識されつつある今、その具体的な実践法として「養生」の思想が見直されている。「病を寄せ付けない暮らし」という古くて新しい健康観を現代人に問い直す。

089
モデルナはなぜ3日でワクチンをつくれたのか
田中道昭

ワクチン開発で一気に注目を浴びたモデルナ。その本質は、既存のビジネスを刷新するデジタル製薬企業だ。企業分析の第一人者が、アップル、アマゾン、アリババなど、医療・健康産業を変革する企業を分析する。